KB125826

생명과 공존의 먹거리

생명과 공존의 먹거리

정한진 지음

Man is what he eats

음식　　　풍요로움과 다양함 너머의 식탁

생명과 공존의 먹거리

1쇄 발행 2024년 2월 1일

지은이 정한진
펴낸이 조일동
펴낸곳 드레북스

출판등록 제2023-000148호
주소 경기도 파주시 탄현면 헤이리마을길 93-144, 2층
전화 031-944-0554
팩스 031-944-0552
이메일 drebooks@naver.com

ISBN 979-11-986122-1-2 03300

먹거리가 넘쳐난다. 거리에 나서면 몇 걸음만 옮겨도 연이어 마주치는 식당들에서 먹음직스러운 갖가지 음식을 함께할 수 있다. 편의점보다 많다는 카페, 빵과 달콤한 디저트를 파는 제과점은 반경 100m 안에 있다. 동네 어디에나 있는 편의점에서는 음료와 과자는 물론이고 도시락과 김밥, 샌드위치, 샐러드, 그리고 간편 조리식품을 24시간 내내 구입할 수 있다. 대형마트는 말할 나위 없이 먹거리의 파라다이스다. 먹는 것에 대한 이야기도 곳곳에서 들린다. TV에서도 온라인 공간에서도 온통 먹는 이야기뿐이라는 느낌조차 든다.

"밥 먹어야지."

이 말을 가장 많이 듣는다. 당연하다. 사람은 먹어야 사니까. 게다가 먹는 일을 날마다 한다. 삼시 세끼뿐만 아니라 아침에 커피를 마시고, 오후에 출출함을 달래기 위해 간식을 먹고, 저녁에 집에 돌아와 식구와 함께, 때로는 직장동료나 친구와 먹고 마신다. 먹는 일은 생명을 유지하는 활동이면서 가장 일상적이고 사회적인 활동이다.

"밥벌이해야지."

인류의 아주 먼 조상도 먹어야 했다. 먹는 것에서 출발했다. 총과 쇠보다 먼저 있었던 것이 음식이다. 인간은 자신을 먹여 살리려는 노력 속에서 도구와 무기, 기술을 개발했고, 사회를 형성했으며, 조직, 법, 사상을 비롯한 문명이 태어났다. 먹거리를 어떻게 생산하고 거래하고 소비하는가는 인류 역사를 잘 보여주고, 현재 우리 삶을 보여주는 정수다.

"이왕이면 맛있는 것 먹자."

짐승은 먹고, 인간은 요리해서 먹는다. 불을 이용에 익힌 음식은 날것보다 소화하기 쉬웠고 많은 영양과 에너지를 공급했다. 덕분에 인간의 뇌 용량은 커지고, 더 많은 동식물을 음식으로 바꿀 수 있었다. 나아가 요리는 새로운 맛과 식감을 창조했다. 새롭고 다양한 요리법은 미각에 즐거움이라는 새로운 장을 열어준다.

맛있는 것을 먹는다는 것만큼 행복한 일이 없다. 특히 기분이 처지고 피곤할 때 맛있는 음식은 기운을 들뜨게 한다. 맛있는 것을 먹고 느끼는 행복감은 포만감을 넘어서는 감정이다.

"뭣들 해요. 밥 먹읍시다."

인간은 동물처럼 무턱대고 먹는 것이 아니라 일정한 공간에서 정해진 방식에 따라 먹는다. 밥을 먹는 방식뿐만 아니라 식탁에서 허용되고 금지되는 행동은 자신이 속한 집단마다 다르다. 구성원은 집단의 음식문화를 배우고 따르며 때로는 변화의 주체가 된다. 무엇을 어떻게 먹는가가 개인과 집단의 정체성을 알려준다. 첫돌에 백설기와 수수팥떡을 장만하고 설날에 떡국을 먹듯이 음식은 의미와 상징과 함께 소비된다. 음식은 우리 삶과 너무나 밀접하게 이어져 있어서 누구나 음식과 얽힌 감정과 추억, 습관이 있다.

"이 집이 원조야. 제대로 된 맛이지."

역사가 오래된 원조집이라 하면 해당 음식의 원형, 정통성과 권위를 지닌 음식점이다. 남북 교류가 이루어지면서 북한을 방문한 남측 인사들이 '진짜' 평양냉면을 먹고 당황했다고 한다. 자신이 알고 있거나 상상한 냉면이 아니었다. 북쪽의 냉면도 남쪽의 냉면도 모두 시간이 지나면서 변해 왔다. 음식이 그렇듯 음식문화도 변화한다. 자연환경의 변화, 과학기술의 발달, 사회체제의 변화, 다른 문화와의 접촉 등으로 변화할 수밖에 없다.

"오늘은 뭘 먹지?"

오늘날 사회의 변화가 음식문화의 변화로 나타나는 현상 중에서 주목할 점이 있다. 음식이 단순히 영양 섭취 차원을 넘어 또 다른 자기실현의 즐거움과 여가 형식으로 추구된다는 점이다. 음식은 에너지를 공급하는 데 머물지 않고 자체로 가치 있는 추구 대상이다.

음식의 맛, 색다른 먹거리를 넘어 식사 공간의 분위기를 비롯해 이전에는 상상할 수 없는 영역까지 넓혀가고 있다. 오늘날처럼 다양한 음식 정보가 일상적으로 넘쳐난 시대가 없었다. 이처럼 유례없는 담론의 소용돌이 속에서 음식이 새로운 의미 추구와 이벤트 대상으로 자리잡고 있다.

이런 변화는 먹거리를 생산하고, 가공 및 유통하고, 소비하는 체계와 연관되어 있다. 현대 먹거리 체계는 산업화된 먹거리 생산과 복잡한 시장경제 체제에서 유통과 소비가 이루어지고 있다. 먹거리와 다양한 가공식품이 넘쳐난다. 풍요로움과 다양함이 지금의 먹거리 소비 양상을 받치고 있다.

풍요로움은 화학 농법에 의지한 대규모 단일경작, 집중식 가축 사육에 기반을 둔다. 다양함은 먼저 가공식품, 청량음료, 스낵, 가공육, 간편 조리식품을 비롯한 초가공식품 산업의 현란한 마케팅에서 온다. 패스트푸드와 국밥에서 오마카세에 이르기까지 폭넓은 외식 산업에 기인하기도 한다. 산업화와 시장경제 속에서 먹거리가 자연에서 온다는 사실은 사라지고 욕망을 채워주는 상품으로만 보인다. 미생물에서 동물, 인간에 이르기까지 모두 자연의 일부이고 서로 연결되어 있지만, 지금의 먹거리 체계는 유기적인 관계를 위협한다.

먹거리 생산은 풍족한데 한편에서는 굶주리고 다른 한편은 비만을 앓고 있다. 자유무역에 기반을 둔 세계 식량 시장은 식량의 자급을 위협하고 식량 위기를 불러오고 있다. 풍요로움이 삶의 여유를 보장하지 않는다. 식구가 모이는 식탁의 즐거움은 희미해지고, 따스함도 추억이 되었다. 식사 시간과 공간이 불규칙하고, 일과 식사의 경계도 모호해진다.

인간은 먹어야 한다. 고로 존재한다. 먹거리는 삶의 핵심이다. 우리가 어떻게 먹거리를 생산하고 거래하고 먹는지가 지나간 삶과 현재의 삶, 우리 자신에 대해 많은 것을 이야기한다. 먹거리와 먹는 일은 우리의 일상, 곧 삶이다. 그렇다면 우리는 무엇을 어떻게 먹어야 할까?

차례

—————— 요리, 미각을 깨우다

먹으면서 살고
먹어야 산다

"밥 먹고 합시다. 다 먹고 살자고 하는 일인데."

그렇다. 먹어야 산다. 인간은 동물이자 생명체이기 때문에 생명을 유지하기 위한 영양분을 공급받지 못하면 당연히 생존할 수 없고 종을 보존할 수도 없다. 나아가 먹기는 생리적 차원을 훨씬 넘어서는 행위다.

언제부터 어떻게 정해졌는지 모르지만, 우리는 삼시 세끼를 먹고, 익숙한 식사 방식과 절차에 따라 먹는다. 혼자 밥을 먹기도 하지만, 가족, 친구, 동료, 때로는 비즈니스 상대와 함께 먹는다. 함께 식사할 때 상대방을 배려하는 식사 예절을 자연스럽게 따른다. 이처럼 먹는다는 것은 기본적으로 생명을 유지하기 위한 활동이자 동시에 사회적 관계 속에서 이루어지는 가장 일상적인 행위다.

우리는 먹을 때 단순하게 먹거리만 소비하는 것이 아니라 먹거리와 먹는 행위에 관련된 사회적 의미와 상징도 함께 소비한다. 아기가 태어나 백일이 되면 백일상을 차리고, 한 살이 되면 돌상을 차려 가족과 친지가 모여 건강하게 잘 자라기를 기원한다. 해마다 생일에는 생일상을 받고 미역국을 먹는다. 졸업, 취업, 결혼을 축하하기 위해 함께 먹는다. 회갑과 고희에도 그득히 음식을 차려 놓고 자식과 친지들과 함께 무병장수의 기쁨을 나눈다.

돌잔치나 회갑연처럼 음식을 함께 나누는 행사는 생애 주기에서 중요한 변화를 알리는 통과의례와 궤를 같이한다. 설날에 떡국을 먹고, 추석에는 송편을 먹는다. 정월대보름에는 오곡밥을 먹고 부럼을 깨고 귀밝이술을 마신다. 설과 추석에는 조상에게 음식을 올리고 차례를 지내며 차린 음식을 나눠 먹는다. 조상과 나와 가족이 음식으로 이어진다. 이처럼 음식은 생일과 같은 축하연, 명절과 같은 축하행사, 또는 절기 행사와 연관된 사회·문화적 의미와 상징과 함께 소비된다.

먹으면서 위안을 얻고 슬픔을 덜어내기도 한다. 갓난아기는 엄마 품속에서 젖을 먹으면서 가장 온화하고 행복해한다.

가족이나 친한 사람들과 함께 밥을 먹고 즐겁게 이야기 나누면서 포근함과 유대감을 느낀다. 비 오는 날이면 수제비를 먹고 싶은 것도 식구들을 한 식구로 어우르고 위로하는 신기한 힘이 있었기 때문이다.

이때 빠질 수 없는 것이 맛있는 음식이 주는 즐거움이다. 한 끼니가 아니라 이왕이면 맛있는 음식을 먹어야 빡빡한 일상에 잠시나마 활력을 얻는다. 맛있다고 반드시 고급스러울 필요는 없다. 한여름 밥상에 올린 것이 보리밥에 강된장과 풋고추뿐이어도 맛있다.

하지만 밥벌이가 괴로울 때는 밥맛도 없다. 밥알이 까끌까끌해 잘 넘어가지 않고 쓰기만 하다. 항상 함께 먹던 그는 온데간데없고, 눈물은 뚝뚝 떨어져 밥그릇에 쌓이고, 울음을 참느라 밥을 넘기는 목구멍이 탈 듯이 뜨거울 때도 있다. 음식은 맛뿐만 아니라 언제 어느 때, 누구와, 어떤 기분으로 먹었는지가 추억이 되고 아쉬움이 된다. 음식은 즐거움이자 기억이며, 자체가 삶이다.

먹거리 생산과
소비 체계

먹거리를 생산하고 소비하는 체계는 변해 왔다. 구석기시대가 끝날 무렵까지 인간은 다른 동물들처럼 먹거리를 자연에서 찾아다녔다. 하지만 농사를 짓고, 온순하고 먹기 좋은 동물들을 가축화해 고기와 젖을 얻으면서 정착생활을 했다. 수렵과 채취를 통해 먹거리를 구하는 것이 아니라 먹거리를 생산하는 방식으로 바뀌었다.

  곡물 농사는 땅에서 칼로리를 얻는 매우 효율적인 방식이었다. 농사에 필요한 도구와 기술을 개발했고, 노동을 조직화했다. 먹거리를 직접 생산하지 않고 농촌에서 먹거리를 공급받아 소비하는 도시가 생기면서 부분적으로 먹거리의 생산과 소비가 분리되기 시작했다. 잉여생산물은 계급사회를 형성했다. 이런 변화 속에서 인더스문명, 황하문명, 메소포타미아문명이 등장했다.

유럽을 중심으로 보면, 몇백 년 전부터 만성적인 기근이 점차 줄어들기 시작했다. 윤작과 퇴비를 이용한 농업기술이 발전하면서 더 다채롭고 풍성한 식단을 준비할 수 있었다. 물론 넉넉하지는 않아도 동물성단백질을 더 섭취할 수 있었다. 육류 섭취가 그리 쉽지는 않았지만, 겨울에 들어설 무렵 사람에게도 넉넉지 않은 곡물을 잡식성 돼지와 나눌 수 없어서 종자 돼지와 몇몇 새끼를 남기고 도살한 돼지로 염장 고기와 소시지를 만들어 보관했다.

대서양 먼바다까지 가서 잡아 소금에 절여 말린 큼지막한 대구, 북해에서 잡힌 작지만 엄청난 수의 청어도 중요한 단백질원이었다. 염장 건조 대구와 염장 청어는 유럽 내에서 대규모 거래가 이루어지는 주요한 가공식품이었다.

농민의 수탈에 기반을 둔 곡물도 식품 교역 시장을 확대했고, 이를 토대로 상업 자본이 형성되었다. 16세기 이후 유럽 국가들은 식민지로부터 감자, 옥수수, 토마토 등 새로운 작물을 들여오고, 설탕, 카카오, 커피 등 다양한 기호식품이 들어오면서 식생활에 큰 변화가 왔다.

20세기에 들어서면 동력 기관을 기반으로 한 산업화와 더불어 도시가 급속히 확대되면서 식품 생산과 유통 규모가 커지고 복잡해졌다. 도시에는 식료품점, 식당, 카페가 늘어났다. 통조림법, 냉동법, 건조 냉동법 등 새로운 기술로 가공식품 시장이 커졌으며, 집 밖에서 식사하고 가공식품을 구입하면서 식사의 외주화가 점차 진행되었다. 철도와 도로가 확장되어 더 멀리 더 빨리 이동할 수 있으면서 지역과 국가 간의 음식문화 교류가 활발해졌다.

오늘날 우리는 이전과는 너무나 다른 세상에 살고 있다. 기업형 농업과 공장식 축산 같은 대규모 식량 생산 체계가 먹거리의 생산과 유통 소비를 지배한다. 식품 가공과 마케팅 분야도 혁명적으로 발전했다. 국가 간의 이동이 활발해지고 초국적인 외식 기업들이 확장하면서 서로 다른 대륙에 사는 사람들이 같은 음식을 먹거나 음식 소비 방식이 비슷해지고 있다.

이전 세대는 집에서 음식을 만들고, 가족이 모여 함께 식사하고, 우리 집 음식맛을 즐기고, 때로는 요리법을 배우기도 하면서 자연스럽게 식사예절도 익혀 가는 것이 일반적이었다. 하지만 가족의 해체와 개인화, 노동 형태의 변화, 온라인 소통의 확대 등 급격한 사회 변화는 먹거리 소비 방식과 음식 문화도 바꾸고 있다.

　생활이 직장 중심으로 이루어지고 여성의 사회 진출이 늘어나면서 집에서 식사하는 경우가 줄어들었다. 학교에 다니는 아동도 학교가 끝난 뒤에 학원을 가거나 다른 활동으로 가족이 모여 식사하기가 쉽지 않다. 집 밖에서 식구 각자가 끼니를 해결한다. 여전히 여성이 가사노동을 많이 하고 있지만, 성별을 떠나 보더라도 요리하는 시간은 절대적으로 줄었다. 이 결과 가족이 모여도 외식을 하거나 배달음식으로 식사하는 일이 잦아지고 있다. '식사의 외부화'와 '식사의 외주화'가 확대되고 있다.

　도시에 사는 사람들은 식재료를 시장이나 슈퍼마켓, 온라인 쇼핑몰에서 구입한다. 식재료가 어떻게 생산되어 어떤 유통 과정을 거쳐 소비자에게 왔는지는 생략되어 있다. 먹거리의 생산과 소비가 완전히 분리됨으로써 다른 상품과 마찬가지로 추상적인 상품일 뿐이다. 오늘날에는 전 세계 먹거리의 생산과 유통을 지배하는 초국적인 식품 산업과 정교하고 지속적인 식품 마케팅으로 이어지는 현대의 식품 체계가 자리 잡고 있다.

이렇듯 먹거리를 생산하고, 유통하고, 소비하고, 먹는 방식은 자연환경과 경제적 조건에 조응하면서 변화해 왔으며, 먹거리의 생산과 소비는 언제나 사회 · 역사적 맥락 속에 있다.

요리하는 인류,
호모 쿠리나리우스

1785년, 스코틀랜드 작가 제임스 보스웰은 《히브리디스제도 여행기》에서 "요리하는 짐승은 없다."면서, 인간을 '요리하는 동물'이라고 했다. 그는 요리하는 인류 '호모 쿠리나리우스'의 출현이 인간을 다른 종과 구별하는 중요한 차이점으로 보고 있다.

인류학자 클로드 레비스트로스는 《신화학: 날것과 익힌 것》에서 불로 익혀 먹는 화식이 동물과 인간의 차이를 확립한다고 했다. 그는 '날음식과 날인간'과 같은 자연적인 존재는 모두 동시에 취사용 불을 통해 '익혀지고 사회화'된다고 말한다. 이 주장에 따르면 최초의 요리법은 불을 이용해서 사냥한 동물이나 채집한 곡류를 익히는 매우 단순한 방식에서 출발했다. 점차 인간은 불을 통제하는 법을 익혔고 덕분에 자기 뜻대로 요리할 수 있었다. 따라서 요리를 동물과 인간의 차이를 입증하는 상징적인 활동으로 본다. 인류학자 리처드 랭엄은 《요리 본능》에서 불을 이용한 화식이 인류의 진화 과정에 엄청난 영향을 주었다고 주장한다.

약 190만~180만 년 전에 출현한 호모 에렉투스는 직립보행을 하면서 불을 사용했다. 호모 에렉투스는 도구를 사용한 호모 하빌리스보다 턱과 치아, 소화기관이 작았으며, 뇌의 용량은 1천cc로 400cc 이상 훨씬 컸다. 불을 이용해 요리한 음식은 날것보다 소화하기 쉬웠고 많은 에너지와 영양을 공급했기 때문이다. 게다가 요리는 날로 먹을 수 없던 수많은 새로운 음식을 먹을 수 있게 해주었고, 덕분에 더 많은 영양을 섭취할 수 있었다.

육류의 경우 열을 가하면 단백질의 결합이 분해되어 약해지고 근육 조직 속에 있는 콜라겐이 젤리화 되면서 부드러워져 소화하기 쉬워진다. 전분 성분이 많은 곡류를 물에 넣고 열을 가하면 다당류인 전분이 호화되고 소화 과정에서 단당류로 쉽게 분해되어 에너지를 공급한다. 이것은 생쌀과 쌀밥의 차이를 생각해보면 쉽게 이해할 수 있다. 더구나 불을 이용해 요리하면서 고기, 생선, 채소, 곡물, 과일, 견과, 씨앗 등 상상할 수 있는 거의 모든 조합을 활용할 수 있었다. 요리를 통해 동식물을 음식으로 변화시켰으며, 요리는 자연적인 것들을 문명적이고 사회적인 존재로 바꿔 놓는다.

이렇듯 요리 덕분에 음식을 씹고 소화하기 훨씬 쉬워지면서 강한 턱이나 커다란 소화기관이 필요 없어진다. 날것을 소화하려면 많은 에너지가 필요한데, 익힌 음식을 먹음으로써 절약한 에너지를 다른 기관, 특히 뇌 활동을 활발하게 해서 뇌가 커지고 내장이 줄어드는 데 일조했다. 음식을 익혀 먹음으로써 추가된 에너지 때문에 생물학적으로 매우 유리해졌다. 생장 속도가 빨라지고 생존율과 출산율이 높아져 인류의 증가에 크게 이바지했다.

인간과 비슷한 영장류는 아주 큰 소화기관을 갖고 있으며, 먹을 것을 소화하려면 많은 시간과 에너지를 소비해야 한다. 예를 들어 침팬지는 하루에 6시간 가까이 먹을 것을 씹는 데 시간을 보내고 있다. 요리 덕분에 인간은 씹는 시간을 줄일 수 있었고, 다양한 동식물을 먹을 수 있어 음식을 찾아다니는 시간도 줄었다. 인류는 시간적인 여유가 생기면서 나머지 시간을 정신적 활동에 쓸 수 있었다.

한편, 호모 사피엔스의 큰 뇌는 훌륭하고 맛있는 음식물을 만들도록 도왔다. 환경과학 저널리스트 존 매쿼이드는 《미각의 비밀》에서 "뇌가 커지자 자연선택은 입속과 코안을 포함해 사람의 머리 전체를 재설계했다. 후각은 새로운 모습으로 변신했다."고 밝히고 있다. 포유류는 대부분 가로판이라는 뼈가 코안을 둘로 나눈다. 음식물을 씹으면 입 뒤쪽에서 향이 퍼지지만, 이 뼈가 향이 코안으로 들어오는 것을 막아 주변 냄새에 초점을 맞출 수 있다.

유인원은 진화하면서 가로판이 사라졌으며, 인간의 경우 입에서 비강으로 올라가는 통로가 쪼그라들었다. 축소는 불과 몇 센티미터밖에 되지 않지만, 이 덕분에 우리 조상은 음식의 향을 경험하는 능력이 크게 향상되었다. 음식을 씹을 때 비강으로 이어지는 통로를 통해 향이 흠뻑 올라와 후각을 자극한다.

냄새는 점점 확대되어 가던 주변 세계에 대한 우리 조상의 인식을 하나로 묶는 역할을 했다. 이 해부학적 유산은 아직도 우리에게 남아 있다. 초기 포유류와 마찬가지로 인간의 후각망울은 감각이 지각으로 변하는 신피질로부터 불과 시냅스 하나의 거리에 있다. 다른 감각들은 이렇지 않다. 맛 신호는

뇌줄기와 시상하부를 지나 신피질에 이른다. 하지만 냄새는 아무런 여과 과정 없이 즉각 느낄 수 있다. 식사하는 동안 냄새가 맛과 그 밖의 감각과 어우러짐에 따라 풍미가 생생하게 살아난다.

요리,
미각을 깨우다

요리는 음식을 소화하기 쉽게 만들어 더 많은 에너지를 공급하는 것에 그치지 않고 침샘을 자극하고 만족을 주는 새로운 맛과 새로운 식감을 창조했다. 예컨대 약간의 금속성 맛이 나는 날고기는 육즙이 풍부한 스테이크가 되고, 맛없는 섬유질에 불과한 뿌리줄기는 파슬파슬한 감자구이가 되었다.

인간이 더 영리해지고 더 많은 요리법을 알면서 많은 변화가 뒤따랐다. 식물에서 독성을 제거하고 단단한 열매를 부드럽게 만들자 훨씬 많은 종의 식물들을 소화할 수 있었다. 이로써 인류가 자원이 한정된 지역에 살고, 새로운 지역에 정착하는 일도 이전보다 쉬워졌다. 짐승의 고기와 식물을 썩지 않게 저장하는 가공법을 알아내어 음식물 비축이 가능했고, 추운 날씨와 건기의 힘든 환경을 견뎌낼 수 있었다.

　이제 동식물은 음식 자체가 아닌 음식의 재료가 되었다. 한 가지 식재료에서 성공한 요리법은 다른 식재료에도 적용되었다. 하나의 식재료로 여러 가지 음식을 만들었다. 예를 들어 밀로 빵과 술을 만들었다. 구운 고기, 수육, 고깃국, 때로는 육포를 만들기도 했다. 요리법이 점점 늘어나고 전수되면서 음식의 다양한 맛과 식감을 즐길 수 있었다.

　불에 굽는 방법도 발전했다. 직접 구우면 타는 부분의 손실이 컸으나 식물의 잎사귀로 고기를 싸서 구워 고기가 불꽃에 타지 않도록 했다. 타다 남은 불에 구운 고기가 더 손실이 적다는 것도 알았다. 오늘날의 바비큐처럼 고기를 꼬챙이에 꿰어 불 위에 매달아 놓고 슬슬 돌려가면서 익히는 요리법, 고기를 잘라 작은 고기를 꿰면 더 빨리 구울 수 있는 꼬치구이 요리법도 개발되었다. 나아가 구덩이를 파고 속에 뜨거운 숯불이나 예열된 조약돌을 넣고 잎사귀로 싼 먹을거리를 얹고 다시 흙을 덮어 익히면 촉촉하고 맛있게 요리가 되었다. 스테이크를 갈색이 나도록 구우면 아미노산과 당이 만나 화학적인 반응인 마이야르 반응이 일어난다. 마이야르 반응에서 감칠맛이 생겨, 마이야르 반응을 몰랐어도 고기를 갈색이 나게 잘 구우면 훨씬 맛있다는 것도 알았을 것이다.

다음으로 삶는 요리법을 생각할 수 있다. 물을 끓여 고기나 곡물, 채소를 익히는 방법을 찾기란 쉽지 않았다. 불과 물에 견딜 수 있는 그릇이 있어야 하고, 물을 끓여 사용한다는 것은 우연한 발견이 아니라 생각해서 고안해야 하기 때문이다.

구운 토기나 금속으로 만든 조리 용기가 등장하기 전이라도 끓여 요리하는 방법을 찾아냈다. 땅 구덩이에 물이 새지 않도록 납작한 돌을 겹쳐 깔고 물을 부은 후 불에 달군 돌을 넣어 물을 끓이는 구덩이 요리법이 기원전 5천 년경에 나타났다. 거북이 등껍질과 같은 파충류나 연체동물의 껍질을 그릇 대신 사용하는 방법도 발견했다.

아시아에서는 지역에서 많이 자라는 대나무를 이용해 삶는 요리를 했을 것으로 짐작된다. 대나무 한쪽 끝을 흙으로 막고, 속이 빈 부분에 고기 조각과 액체를 넣은 다음 다른 한쪽 끝도 막고 가열하는 방법이다. 기원전 7천 년 경 중앙아메리카 멕시코만 남서쪽 지역의 동굴 거주민들이 돌그릇을 사용했다. 오목한 돌 냄비를 만들어 난로 중앙에 영구적으로 놓아두었던 것으로 보인다. 돌 냄비는 무거워 공동체가 장기간 거주할 때만 사용했을 것으로 짐작된다.

동물의 위도 삶는 요리에 훌륭한 용기였다. 동물의 위 속에 살코기와 물을 넣은 후 모닥불 위에 걸어 놓고 끓여 먹었다. 이런 요리법은 지금도 일부 지역에서는 계속하고 있다. 동물의 가죽 가공 기술이 발달함에 따라 1만3천 년 전에도 가죽을 여러 가지 용기로 사용했다.

불은 고기 요리에만 사용된 것이 아니다. 야생 곡식의 특징 중 하나는 왕겨가 잘 벗겨지지 않는다는 점이다. 그러나 곡식의 이삭을 불에 살짝 구우면 왕겨가 부스러지면서 벗기기 쉬웠다. 구운 이삭을 평평한 돌 위에 놓고 다른 돌로 문질러 왕겨를 제거하거나 절구를 사용해 겨를 제거했다. 아주 숙련되지 않으면 겨를 완전히 제거하기 힘들어 조잡하게 탄 곡물 부스러기가 만들어졌다.

이런 곡물을 먹는 방법 중 가장 간단하면서도 소화하기 좋은 요리법이 미음이나 죽처럼 끓이는 것이다. 내열 방수 토기가 등장하면서 이런 요리법이 많이 사용되었다. 아니면 구운 곡물을 절구에 빻으면 오늘날 미숫가루와 같은 형태가 되는데, 이를 물과 혼합해 곡물 반죽을 먹기도 했다. 어느 날 불가의 뜨거운 돌 위에 보리나 밀과 같은 곡물 반죽을 놓아두었다가 바삭한 껍질을 지닌 빵을 우연히 발견했을 것이다. 기원

전 4천 년경 처음 효모를 넣지 않은 무발효빵이 등장했다. 오늘날에도 인도의 차파티나 멕시코의 토르티야에서 화덕 벽이나 철판 위에서 납작하게 편 곡물 반죽을 구워 무발효빵을 만들어 먹고 있다.

음식의 역사에서 매우 중요한 발효빵의 발견은 우연이었다. 곡물 반죽을 방치했다가 자연발효가 일어나 부풀어 오른 발효된 반죽으로 빵을 구웠다가 부드럽고 가벼운 빵을 얻었을 것이다. 이런 일이 종종 반복되면서 그 과정을 신중하게 재현해보려 노력했다. 처음에는 반죽을 발효될 때까지 두었다가 빵을 만들었다. 그러다가 전날 만든 빵의 반죽을 조금 떼어 두었다가 새로운 반죽에 넣어 만들었으며, 맥주 거품에서 얻은 효모를 반죽에 넣어 발효시키는 방법도 쓰였다.

발효를 이용한 요리법은 다양한 식재료에 적용되면서 미각의 역사에 새로운 장을 연다. 포도주처럼 과일을 이용한 과일주에서 곡물을 이용한 맥주와 청주를 비롯한 다양한 곡주, 동물의 젖을 이용한 치즈와 요구르트, 소금에 절이고 발효 과정을 거치는 하몬, 건조 소시지 등과 같은 육류 발효식품, 젓갈과 식해 등 생선 발효식품, 장아찌와 사우어크라우트 등 채소 발효식품까지 식탁을 풍성하게 하는 발효 요리법은 인류의 미식 역사에서 가장 위대한 발견 중 하나다.

불을 이용한 요리법이 다양해지고, 발효, 저장법, 건조법 등을 이용한 요리법이 발달했으며, 사회집단이나 부족에 따라 전통적인 요리법들도 자리를 잡기 시작했다. 기후와 토양, 동식물의 분포와 같은 거주 지역의 자연환경에 따라서도 서로 다른 전통이 이어졌다. 자신들의 사회구조를 유지하고 있는 종교적 금기에 따라 요리법이 달라지기도 했다.

—————— 음식 안에 담긴 삶

내가 먹는 것이
바로 나

"당신이 먹는 것을 말해준다면 당신이 어떤 사람인지 말해주겠다."

19세기 프랑스의 법률가이자 미식가인 브리야 사바랭이 《미각의 생리학》에서 한 말이다. 먹는 음식이 그 사람의 정체성을 말해준다.

예전에는 해외여행을 갈 때 여행 가방에 볶음고추장과 컵라면을 챙기는 관광객이 많았다. 심지어 일행이 각자 맡아 멸치볶음, 깻잎장아찌, 콩자반, 장조림을 준비하기도 했다. 요즘에는 해외에서 한국 식품과 한식을 만날 기회가 많아졌지만, 당시에는 한국인이라면 고추장 하나라도 꼭 가지고 나갔다. 해외 유학처럼 장기로 머물러야 할 경우에는 장류는 기본이고 미역과 멸치 같은 건어물까지 바리바리 짐 속 깊숙이 꾸려 넣었다.

경상남도와 부산에 가면 돼지국밥집을 얼마 걷지 않아도 또 만난다. 국밥 먹으러 가자고 하면 돼지국밥이다. 한여름에도 뜨끈한 돼지국밥에 부추무침과 마늘을 넉넉하게 넣고 새우젓 간을 하고 나서 땀을 뻘뻘 흘리며 한 그릇 먹고 나면 든든하다. 비 오는 날이면 방앗잎과 땡초를 넣은 정구지전을 찾는다. 방앗잎 특유의 상큼한 향과 땡초의 얼얼함이 바삭한 부추전의 식감과 어우러져 막걸리 한 사발이 당긴다. 이 이야기를 듣고 군침이 절로 도는 이들은 경남이나 부산이 고향이거나 그곳에 오래 살았거나 사는 사람이라고 짐작하기는 어렵지 않다.

인류 역사에서 부와 권력을 지닌 집단은 먹는 것과 먹는 방식으로 우월함을 드러내어 타 집단과 차별을 두었다. 유럽에서는 오랫동안 아시아에서 온 향신료가 매우 귀했다. 멀리는 인도네시아, 가깝게는 인도로부터 대부분 바닷길을 와 다시 육로를 거쳐 후추, 계피, 정향, 넛맥, 생강, 강황 등을 들여왔다. 위험을 무릅쓰고 육지에 도착한 다음에도 중개상의 손을 수없이 거치고 가는 지역마다 통관세까지 내면 아시아의 향신료는 상상할 수 없는 가격이 되었다. 이런 향신료를 음식에 마음껏 쓴다는 것은 소수 지배계층이 자신의 우월성을 나타내는 식생활 방식이었다.

때로는 이런 말을 듣기도 한다.

"사내가 꽉꽉 먹어야지 그렇게 먹어야 쓰겠어!"

"잘 먹어야지 힘도 쓰고 식솔도 챙기지."

어떻게 먹느냐가 젠더 정체성을 규정한다. 이처럼 무엇을 먹고 어떻게 먹는가는 개인과 집단의 정체성을 보여준다.

문학작품이나 드라마, 영화 등에서 등장인물이 먹는 음식으로 인물의 성격과 정체성, 등장인물 간의 관계를 드러내기도 한다. 영화 〈기생충〉에 사모님이 해달라고 한 '한우 채끝 짜파구리'가 나온다. 비싼 한우와 값싼 라면은 어울리지 않는 조합이다. 얼핏 보면 이 음식이 상류층과 빈곤층의 불안정한 공존을 드러낸 것으로 보인다.

이 음식의 조합에서 '짜파게티'와 '너구리'는 빈곤층 두 가족으로, '한우 채끝'은 상류층 가족으로 볼 수 있다. 세 음식이 한 접시에 담긴 모양새가 세 가족이 한 집에 공존하는 모습과 같다. 이 음식은 '짜파게티'와 '너구리' 가족은 그들보다 높은 계층인 '한우' 가족과의 긴장 관계뿐만 아니라 간은 계층 안의 경쟁 관계를 담고 있다.

흔히 대통령선거나 국회의원 선거에서 후보자가 전통시장을 방문해 순대, 어묵, 호떡 등을 먹는데, 음식을 통해 서민적인 이미지를 돋보임으로써 지지층을 확보하려는 행동이다. 너무나 식상하게 보일 수 있으나 친근하고 일상적인 음식이야말로 동질감을 느끼게 하는 가장 효과적인 선전 매체다.

정체성에서 문화로,
음식문화

한 개인이 자신을 드러내는 식생활 습관은 그가 태어나고 살아온 문화 속에서 사회화된다. 개인은 적정한 조리 기법과 적절한 음식 조합, 먹는 장소와 먹는 때, 먹는 상대 등을 지배하는 관습을 배우고 익힌다. 사회화는 개인에게 자신이 속한 문화의 먹거리 분류체계에 익숙해지게 한다. 나아가 한 집단과 한 민족의 정체성은 그 집단과 민족의 음식문화를 통해 규정할 수 있다.

문화를 뜻하는 영어 culture는 경작이나 재배 등을 뜻하는 라틴어 colore에서 유래했다. 곧 문화란 자연 상태의 사물에 인간의 작용을 가해 그것을 변화시키거나 새롭게 창조해 낸 것을 의미한다. 이런 변화와 창조는 집단적인 경험과 학습으로 공유되고 하나의 행동양식이나 상징체계가 되는 사회화 과정을 거쳐 한 집단의 문화가 된다.

음식문화는 자연이 주는 먹거리를 단순히 습득해 먹는 것이 아니라 그것을 변형하는 과정에서 형성된다. 단순한 수렵과 채집에서 농사를 짓고, 가축을 사육하고, 식재료를 조리하고 저장하는 가공 과정에서 형성된다. 아울러 먹거리를 장만하고 먹는 과정은 집단적으로 이루어지면서 먹거리를 둘러싼 관례와 위계, 나아가 상징적인 의미들이 생겨난다. 그리고 먹거리를 생산 가공하는 지식, 먹거리와 관련된 상징적 체계 등은 한 집단에서 경험과 학습을 통해 공유되고 세대에서 세대로 전달되는 사회화 과정을 거치면서 한 사회와 한 민족의 음식문화를 형성한다. 따라서 음식문화는 '한 사회의 구성원이 먹거리와 관련된 지식과 상징체계를 경험과 학습을 통해 공유하고 축적하며 전달해온 식생활 양식'이라고 말할 수 있다.

오랜 역사 속에서 한 사회가 자신들만의 문화를 원형대로 고수하고 유지하는 경우는 거의 없다. 음식문화 역시 끊임없이 변화한다. 먼저 자연환경에 따라 변화할 수 있다. 지형과 기후적 자연환경은 식생활에 큰 영향을 미치는데, 이런 자연환경의 급격하거나 완만한 변화는 음식문화 형성에 중요한 변수다. 지구온난화로 우리나라에 아열대기후 지역이 넓어지는 것은 재배 작물과 재배 지역의 변화, 인근 해역에 사는 바다 생물의 생태계를 바꾸고, 결국 식탁에 오르는 음식에까지 변화를 준다.

과학기술의 발전에 따른 변화도 있다. 인류 역사 속에서 불을 사용 조리, 염장 저장부터 통조림에 이르는 가공 저장 기술, 냉장 및 냉동 기술의 등장, 재배와 축산 기술, 교통수단, 인터넷 등 모든 과학기술의 발달은 음식문화의 변동에 지대한 영향을 미친다.

한 사회 안의 사회적 변화도 빼놓을 수 없다. 역사적으로는 한 사회 속 지배 세력의 변화와 지배 세력의 세계관에 따른 변화를 볼 수 있다. 예를 들어 조선시대의 숭유억불 정책에 따라 육식 확대와 차 문화의 쇠퇴, 유교 사상에 따른 조상에 대한 제사와 제사 음식의 발달 등을 볼 수 있다. 세계 각지에서 식민 지배에 따른 영향도 쉽게 찾아볼 수 있다. 최근에는 급격한 사회적 변화에 따라 세대 간의 음식 소비 행태의 차이와 갈등, 간편식과 1인식의 발달, 패스트푸드와 식품의 대량 생산에 따른 미각의 획일화, 패스트 라이프로 인해 식사를 통한 가족 간 유대 기회의 축소 등 여러 가지 음식문화의 변화를 볼 수 있다.

한편, 다른 문화들이 접촉해 서로 간의 문화 요소가 전파되고 새로운 문화로 변화해가는 문화접변 현상이 일어난다. 다른 나라와 교류하거나 전쟁과 지배, 집단 이주 등으로 새로운 음식문화가 들어오고, 이것이 기존 음식문화와 결합해 혼종의 음식문화를 만든다. 이런 변화 요인들은 복합적으로 음식문화 변화에 영향을 주며, 음식문화는 다른 문화현상과 끊임없이 상호 영향을 미친다.

'흩뿌리거나 퍼뜨리는 것'을 뜻하는 그리스어에서 유래한 디아스포라는 특정 민족이 자의적이나 타의적으로 기존에 살던 땅을 떠나 다른 지역으로 이동해 집단을 형성하는 것 또는 그런 집단을 일컫는다. 많은 경우 기근이나 자연재해, 전쟁, 식민지 개척, 강제 이주 등 강제적이고 폭력적인 상황 속에서 이루어졌다면, 근대에 와서는 일자리를 찾아 다른 지역에 정착해 집단을 이루는 경우가 많다.

본토를 떠나 항구적으로 나라 밖에 자리잡은 집단인 디아스포라는 문화적 결속을 계속 유지하고자 하며, 이 문화적 결속이 정체성을 유지하게 한다. 디아스포라 문화는 정체성을 유지하면서도 원주 지역의 문화와는 다른 방식으로 전개될 수밖에 없다. 이주된 문화가 낯선 땅에 자리잡는 과정은 쉽지 않다. 차별을 받고 저항하면서도 결국에는 필연적으로 변화를 겪는다. 자신의 문화를 유지하면서도 현지 문화와 새로운 문화를 받아들이는 동화와 수용 과정을 거치면서 문화변동이 일어날 수밖에 없다. 음식문화도 디아스포라의 문화변동을 피할 수 없다.

짜장면, 짬뽕,
단무지

우리나라에 있는 중국 식당에서 인기 있는 메뉴는 단연 짜장
면이다. 예전에는 졸업식과 같은 축하할 일이 있으면 온 가족
이 짜장면을 먹으러 갔다. 신병훈련이 끝나고 가장 먹고 싶은
음식도 짜장면이었다. 정확한 통계는 없지만 짜장면은 하루
에 수백만 그릇 정도가 팔린다고 추정되고, 외식 메뉴 중에서
선호도가 단연 으뜸이다. 짜장면은 우리나라 외식의 대중화
와 함께했다. 1960년대 후반 차츰 확대되는 외식 소비자층은
값이 저렴하면서도 집에서는 먹기 힘든 별식이 필요했는데,
그것이 짜장면이었다.

짜장면은 중국인이 한반도에 이주하면서 가지고 온 음식으
로 알려져 있다. 짜장면은 炸醬麵(자장미엔)이라고 표기하는

데, 글자 그대로 장(醬)을 센불에서 기름으로 볶아(炸) 면과 함께 먹는다는 뜻이다. 오늘날 짜장면은 여러 가지 채소와 돼지고기 또는 해산물을 넣고 식용유와 중국 된장인 춘장으로 볶은 양념을 국수와 비벼 먹는 한국식 중화요리다.

중국인이 한반도에 본격적으로 진출한 것은 1882년 임오군란 때다. 1884년 인천에 청국조계가 설정되면서 본격적으로 화교들이 이주해 이 지역에 정착했다. 짜장면은 1890년대 중국 산둥 지방에서 건너온 부두 근로자인 쿠리들이 인천항 부둣가에서 간단히 끼니를 해결하기 위해 중국식 된장인 춘장에 국수를 비벼 먹던 음식에서 출발한 것으로 알려져 있다. 고추장에 비빈 비빔국수를 상상해볼 수 있다. 화교들이 하나둘 한반도에 정착하면서 식당을 열고 중국 음식을 팔았다. 정확하지는 않지만 1910년 전후해서 인천의 중국 음식점 공화춘에서 짜장면을 판매하기 시작했다.

춘장을 이용한 면요리는 중국, 특히 산둥 지역에서는 가정에서 먹는 음식이었다. 춘장은 북부 지역의 전통적인 장으로, 밀과 대두로 만드는 곡장이다. 우리가 춘장이라고 일컫는 중국의 장은 밀가루로 찐 빵과 삶은 콩으로 메주 쑨 것을 발효시킨 장으로, 티엔장, 미엔장, 톈멘장으로 불린다. 중국에서는 이를 총장이라고도 부르는데, 대파〔蔥〕를 찍어 먹는 장이라는 의미에서다. 이 총장을 산둥에서는 춘장이라고도 부른다.

중국의 먹거리는 크게 남미북면으로 나뉘는데, 남부 지역은 쌀이 주식이고 북부 지역은 밀이 주식이다. 산둥성은 중국 밀 생산의 절반을 차지하는 곳이기에 밀로 장을 만들고 밀로 만든 국수와 함께 내는 음식들이 있다. 그중에서 산둥성에서 전해져 베이징에 자리잡은 자장미엔은 일반적으로 익힌 콩과 잘게 썬 생채소를 담은 접시가 따로 나오기도 하고 면 위에 올려 나오기도 온다. 기름에 볶은 춘장을 조금 얹어 함께 나온 채소들과 비벼 먹는다. 채소와 돼지고기를 함께 볶고 녹말물을 풀어 걸쭉하게 만든 우리나라의 짜장면 소스와 달리 기름에 볶기만 한 춘장은 뻑뻑해서 잘 비벼지지 않고, 굉장히 짜고, 달지도 않다.

19세기 말에서 20세기 초 중국 음식점에서 팔던 짜장면의 형태는 알려져 있지 않다. 하지만 본토의 자장미엔이나 오늘날 우리가 먹는 짜장면과는 달랐을 것이다. 일제강점기에 짜장면은 대중적인 음식이 아니었다. 오히려 대중의 인기를 끈 중국 음식은 호떡이었다. 1924년 6월 26일자 《동아일보》 기사에서 "경성부 내 설렁탕집이 대략 100군데인데, 호떡집은 대략 150군데나 된다."고 했으며 "호떡집에 불났다."라고 할 정도로 장사가 잘 되었다. 그때의 호떡은 지금처럼 기름에 구운 간식거리 호떡이 아니라 화덕에 두툼하게 구운 빵으로, 차와 함께 끼니로 먹었다.

해방 이후 정부 수립과 전쟁을 거치면서 화교들의 상황에도 큰 변화가 일어났다. 1949년 중국이 공산화되고 한국 정부가 적성국인 중국과의 무역을 금지하자, 일자리를 잃은 화교 무역상들은 한국을 떠난다. 게다가 한국전쟁을 거치면서 한반도를 떠나는 화교는 더 늘어났으며, 이후에도 화교 인구는 정체되었다. 한국 정부가 화교의 재산권 행사에 제약을 둔 것이 가장 큰 이유였다. 이런 사정으로 화교들은 소자본으로 가족 단위의 영업이 가능한 중국 음식점을 열었다. 1948년부터 1958년까지 중국 음식점 수가 332개에서 1,702개로 무려 5배 이상 늘어났고 이후에도 계속 증가했다. 전체 화교 인구 중에서 음식점에 종사하는 인구가 차지하는 비율도 1949년 40%에서 1972년에는 77%로 빠르게 증가한다.

1955년부터 미국의 잉여농산물 원조로 밀이 대량 유입되고 1960~1970년대 혼분식 장려 운동으로 중국 음식점은 최대 수혜자가 되었다. 값싼 밀가루가 공급되면서 국수는 물론 밀가루를 주원료로 하는 춘장 가격도 짜장면의 경쟁력을 높여주었다.

게다가 맛에서도 획기적인 변화가 생겼다. 그것은 새로운 춘장의 등장이었다. 1948년 중국 산둥성 출신 화교인 왕송산은 영화장유라는 식품회사를 창업하고 우리나라 최초로 중국식 춘장을 생산했다. 1950년대 중반, 그는 캐러멜색소를 섞은 춘장을 내놓았다. 원래 적갈색인 중국의 춘장은 오래 발효할수록 검게 바뀌는데, 이런 오래된 장 색깔과 맛을 흉내 내기 위해 캐러멜색소와 감미료, 화학조미료를 첨가해 만든 것이 한국식 춘장인 '사자표' 춘장이었다. 이 춘장으로 만든 짜장면이 우리나라 사람들의 입맛을 사로잡았다. 1960년대에 들어 양파의 대량 재배 역시 짜장면 맛을 바꾸는 데 이바지했다.

급격한 수요 증가를 본 한국인도 짜장면 시장에 뛰어들었고, 급격한 산업화 과정에서 속도를 중시하는 작업 환경에 빨리 먹을 수 있는 짜장면은 한 끼 메뉴로 제격이었다. 게다가 굳이 음식점까지 가지 않아도 되고 시간도 절약하게 하는 배달 시스템은 짜장면 성장에 큰 역할을 했다. 오늘날에는 짜장면을 만드는 사람이 거의 다 한국인이고 이를 먹는 사람도 한국인이니 짜장면을 한국 음식이라 해도 어색하지 않다. 2006년 짜장면은 외래 음식으로는 유일하게 한국의 100대 문화 상징에 들어서고 정부의 중점 물가 관리 품목으로 선정되기도 했다.

우리나라의 짬뽕이 나가사키 '잔폰'에서 유래했다는 것은 많이 알려졌다. 나가사키짬뽕이라는 인스턴트라면 제품도 판매되고 있다. 나가사키 잔폰을 처음 만든 사람은 중국 푸젠성 푸저우 출신인 천핑순으로 알려져 있다. 1892년, 당시 19세이던 천핑순은 사탕 무역을 하는 화교 상인의 집에 일하기 위해 나가사키에 왔다. 그는 독립해 사탕 행상을 하다가 1899년 옛 화교 거주지인 당인옥부 정문 바깥에 집을 빌려 시카이로라는, 식당이면서 동시에 여관 시설을 함께 갖춘 점포를 열었다.

시카이로에서 시작한 나가사키 잔폰은 푸젠 지역 음식인 탕러우쓰멘에서 발전했다. 원래 탕러우쓰멘은 돼지 뼈를 푹 곤 국물에 돼지고기, 표고버섯, 죽순, 파 등을 넣고 끓인 후에 국수를 만 음식이다. 잔폰은 이들 재료에 각종 해산물을 함께 넣고 끓인 국물을 만든다. 나가사키 잔폰은 멸치나 가쓰오부시의 맑은 국물을 낸 일본의 전통 우동이나 소바와 다르다. 돈코츠, 곧 돼지 뼈를 오래 고아 끓인 국물에 나가사키 인근 바다에서 많이 나는 오징어, 새우, 굴 등의 해산물을 넣기 때문에 국물 맛이 진하면서도 시원하다. 게다가 숙주와 양배추까지 넣어 재료 양이 많다. 바다에서 힘든 육체노동을 해야 하는 나가사키 어부들에게 일본의 전통 우동이나 소바보다는 뼈를 오랫동안 고아 끓인 잔폰이 인기 있지 않았을까 짐작해본다.

이 면요리는 초기에 잔폰이 아니라 '시나우동'으로 불렸다. '시나'는 중국을 가리키는 말로, '차이나'의 일본식 한자에서 유래한다. '우동'은 우리의 만둣국과 같은 중국 음식 '훈툰'의 일본어인데, 일본에서는 국수를 국물에 만 음식을 가리키는 말로 바뀌었다. 중국식 우동을 뜻하는 시나우동으로 명명한 것은 아마도 화교보다는 일본인을 주고객으로 삼았다는 것을 말해준다. 시나우동이 '잔폰'으로 불린 경위는 명확하지 않지만, 점차 현지화되어 나가사키 명물로 자리잡는다. 그렇다면 잔폰이 어떻게 해서 한국에서 짬뽕으로 자리잡았을까?

19세기 말 나가사키는 중국 상하이와 부산, 인천을 잇는 해운 교통의 중심지였다. 나가사키에는 주로 중국 남부의 광둥성과 양쯔강 이남 출신의 화교들이 정착해 차이나타운을 형성하고 있었다. 한국에서는 산둥성을 중심으로 중국 북부 지역 출신들이 인천을 비롯해 부산 등 여러 지역에 정착한다. 특히 나가사키, 상하이, 부산, 인천으로 이어지는 뱃길을 따라 화교들은 무역을 중심으로 한 교류가 이어졌다.

1910년 일제가 대한제국을 강제로 합병한 이후 한국에 살던 화교들과 일본에 살던 화교들은 같은 정치·경제적 영역으로 포섭되었다. 동일한 정치·경제적 영향권에 놓이면서 더욱더 상호 교류와 영향을 미쳤다. 한국의 중국 음식점에서도 짬뽕을 내고, 게다가 우동에 다쿠앙까지 나온다. 말 그대로 한중일 음식문화의 짬뽕이다.

오늘날 한국인이 많이 이주한 지역에서는 한국식 중국 음식점을 쉽게 찾을 수 있고, 여기에서는 짜장면과 짬뽕으로 고국 음식에 대한 향수를 달랜다. 한국에 들어온 화교에서 출발한 한국식 중국 음식문화가 이제는 한국인 디아스포라와 함께 다른 지역으로 건너간 것이다.

한국의 짬뽕은 나가사키 잔폰과는 얼핏 봐도 다르다. 차이는 고추가 들어가 붉은색이 난다는 점이다. 돼지고기와 해산물, 죽순, 양파 등이 들어간다는 점에서는 나가사키 짬뽕과 매우 유사하지만, 매운맛을 내는 고추가 결정적인 차이다. 한국의 짬뽕에 매운맛이 들어간 것은 1970년대라는 의견이 있다. 고추 생산량이 증가해 가격이 싸지고 한국인 중식 주방장이 많아지면서 생긴 변화라고 보는 시각이다.

피자,
빈자의 음식에서 세계 음식으로

19세기 《피노키오의 모험》을 쓴 카를로 콜로디는 피자를 "굽다가 태운 크러스트의 시커먼 색, 마늘과 앤초비의 희끄무레한 광택, 기름에 볶은 허브의 초록빛 도는 누르스름함, 여기저기 뿌려진 토마토 조각의 붉은 빛이 어우러진 피자는 노점상의 더러움에 걸맞은 오물 덩어리처럼 보인다."고 말했다. 당시 피자는 가난한 사람들의 음식이었다. 나폴리 사람들은 피자를 누더기를 걸친 빈민의 음식으로 여겼다.

피자는 나폴리에서 만들어 먹던 둥글납작한 빵에서 진화했다. 처음에는 토마토소스 없이 납작한 빵 위에 마늘, 돼지기름, 앤초비, 소금 따위를 얹은 것으로, 아주 단순한 플랫 브레드 피자와 같았다. 이후 토마토를 얹은 마카로니를 팔던 나폴리의 파스타 노점상들과 경쟁하기 위해 피자에 토마토를 사용하기 시작했다.

나폴리의 빈민들은 노점에서 피자를 사서 길거리에서 먹었다. 이들은 집에 주방이 없었기 때문에 거리 음식인 피자를 사 먹어야 했다. 1페니이면 조그만 피자 한 조각으로 배를 채울 수 있었다. 이처럼 피자는 빈자의 음식으로 오랫동안 남아있었고, 대중적인 음식으로 변화하거나 전국적으로 퍼져 나가지도 못했다.

피자의 역사에 전설처럼 남아 있는 사건이 일어났다. 통일된 이탈리아의 2대 국왕 움베르토 1세와 그의 아내 마르게리타 왕비가 1889년 나폴리를 방문했다. 왕과 왕비는 당시 귀족들이 먹던 프랑스 요리에 질려 있었기 때문에 새로운 음식을 찾았다.

왕비는 피자 요리사 라파엘로 에스포시토 브란디에게 먹을 만한 여러 가지 피자를 만들라고 명했다. 요리사는 돼지비계와 카초카발로 치즈와 바질을 얹은 피자, 작은 생선을 얹은 피자, 토마토와 모차렐라 치즈와 바질을 얹은 피자 등 세 종류를 만들었다. 왕비는 마지막 피자가 마음에 들었고, 이 피자는 후에 유명한 '마르게리타' 피자로 불렸다.

이 피자에 얹은 빨간 토마토, 흰 모차렐라 치즈, 녹색의 바질은 이탈리아 국기의 삼색인 빨간색, 백색, 녹색과 일치한다. 마르게리타 피자는 통일된 이탈리아를 상징하는 셈이다. 당시 막 통일된 이탈리아의 결속을 다지려는 의도에서 만들어진 것으로, '음식 민족주의'의 한 사례라는 주장도 있다.

19세기 말 마르게리타 피자가 등장했음에도 불구하고 피자는 전국적인 음식이 되지 못했지만, 제2차 세계대전 후에 비로소 이탈리아 전역에서 많은 사람들이 피자를 먹기 시작했다. 1950~1960년대 남부 이탈리아 사람들이 북부 도시로 대거 이주하면서 피자도 북부로 퍼져 전국화되었고, 이탈리아 이민자를 통해 유럽의 다른 국가에도 퍼졌다.

피자는 이탈리아 남부 출신 이민자들을 따라 19세기 후반 미국에 상륙했다. 이탈리아 내에서도 남부는 가난했고, 가난을 벗어나기 위해 미국으로 건너온 남부 이탈리아 이주민들은 미국 북동부 몇몇 도시의 공장노동자로 일자리를 잡고 대단위 주거 단지를 이루고 살았다. 이 이민자들을 대상으로 피자를 파는 가게들이 있었으나 대부분 무허가였다. 1930년대 초 롬바르디라는 이탈리아 이민자가 간단한 파스타와 피자를 파는 가게를 뉴욕에 열면서 이탈리안 피자 가게도 그곳에 연달아 생겼다. 그러나 제2차 세계대전 전까지 피자는 미국 북동부의 이탈리아계 거주지를 크게 벗어나지 못해 미국인들은 피자를 거의 알지 못했다.

　전쟁이 끝나고 미국으로 돌아온 병사들이 이탈리아에서 맛본 음식맛을 잊지 못해 미국 내 이탈리아 식당을 찾고 피자도 즐겼다. 1940년대 말부터 1950년대 초 가정에서 피자 요리법이 꽤 알려졌다. 1940년대 후반, 시카고에서는 파이 요리법과 동일하게 속재료를 아낌없이 채워 넣고 그 위를 치즈와 소스로 덮는 방식의 딥디시 피자가 등장해 이탈리아 출신이 아닌 일반 소비자들에게도 인기를 얻었다.

　드디어 피자헛 1호점이 1958년 캔자스 위치토에서, 도미노 1호점은 1960년 미시간에서 문을 열었다. 피자 체인점에서 파는 피자는 대중의 입맛에 맞게 토핑이 듬뿍 올라가는 식으로 바뀌었고, 만드는 방식도 대량생산 시스템에 적합하게 바뀌었다. 1970년 무렵 피자는 미국 20대가 가장 좋아하는 간식이 되었다.

　이처럼 피자는 이탈리아 나폴리의 초라한 거리에 태어나 미국에서 가장 대중적인 음식이 되었고, 오늘날 세계 어디서나 간식이자 식사거리로 찾는 음식으로 자리매김하고 있다.

왜 그것은 먹고
먹지 않을까

음식문화의 특이한 양상 중 하나가 금기 음식문화다. 특정한 집단이나 민족은 동물이나 식물 일부를 터부시해서 먹어서는 안 된다고 금지하거나 요리법을 제한한다. 우리나라에서는 일상적인 식생활에서 집단적으로 특정 음식을 금하는 음식 전통이나 규범이 존재하지 않는다. 몇 가지 경우에는 속설 형태나 치료 요법으로 먹어서는 안 될 음식을 규정하고 있지만, 반드시 지켜야 할 금기 사항은 아니다. 그러나 특정 민족이나 종교에서 금기 음식 규율은 공동체의 질서 유지와 정체성, 종교적 신념 강화를 위한 경우가 많다.

잘 알다시피 유대인과 이슬람교도들은 돼지고기를 먹지 않는다. 인도에서 힌두교도들은 대부분 소고기를 먹지 않는다.

우리가 즐기는 문어와 오징어도 북유럽 사람들은 먹기를 꺼린다. 이처럼 어떤 음식을 먹고 먹지 않고, 즐기고 꺼리는가는 서로 다르다. 다름이 음식문화의 차이를 낳는다. 그러나 음식문화의 상대주의만으로 음식 금기 현상을 설명할 수 없다. 그렇다면 특정 음식에 대한 기피가 어떤 문화에서는 나타나는데 다른 문화에서는 나타나지 않는 이유를 어떻게 설명할 수 있을까?

음식 금기 현상을 설명하려면 여러 접근 방식이 있다. 먼저, 어떤 음식을 꺼리는 것은 생태 · 경제적 조건에 의해 규정된다는 '문화유물론'을 들 수 있다. 대표적인 인물은 마빈 해리스로, 그는 특히 선호하는 음식은 꺼리는 음식에 비해 비용보다 이득이 더 많은 음식이라면서, 영양학적 · 환경적 · 경제적 비용과 이익의 관계 속에서 음식 금기 현상을 해명한다. 음식 금기 현상을 사회 전체의 안녕과 질서를 유지하기 위한 것으로 보는 '기능주의'적 시각이 있으며, '구조주의'적 시각에서는 음식 금기에 내재되어 있는 규칙에 주목하면서 문화적인 코드와 상징적 의미를 찾는다. 각각의 시각이 음식 금기 현상을 설명하는 데 의미는 있어도 모든 현상을 해명하기에는 한계가 있다.

엄격한 유대인이나 이슬람교인은 돼지고기가 조리 과정에서 그릇이나 냄비, 식칼과 도마 등과 같은 조리 기구에 닿을 수 있다는 가능성 때문에 일반 식당이 아닌 전용 식당을 찾는다. 《구약성서》에서는 먹을 수 있는 짐승의 조건을 나열하면서도 예외적으로 먹어서는 안 될 짐승을 여럿 언급하는데, 돼지도 그중 하나다. 〈레위기〉 11장 2~8절에는 이렇게 쓰여 있다.

땅에 사는 모든 짐승들 가운데 너희가 먹을 수 있는 것들은 이렇다. 곧 발굽이 완전히 갈라져 그 틈이 벌어져 있고 되새김질을 하는 것은 모두 먹을 수 있다. 그러나 되새김질을 하거나 발굽이 갈라졌더라도 이런 것은 먹어서는 안 된다. 낙타는 되새김질을 하지만 발굽이 갈라져 있지 않으니 너희에게 부정하다. 오소리는 되새김질을 하지만 발굽이 갈라져 있지 않으니 너희에게 부정하다. 토끼는 되새김질을 하지만 발굽이 갈라져 있지 않으니 너희에게 부정하다. 돼지는 발굽이 갈라져 있지만 되새김질을 하지 않으니 너희에게 부정하다.

《구약성서》와 마찬가지로 《쿠란》 2장 173절에서도 돼지고기는 금기 식품이다.

> 죽은 고기와 피와 돼지고기를 먹지 말라. 또한 하느님으로 이름으로 도살되지 아니한 고기도 먹지 말라. 그러나 고의가 아니고 어쩔 수 없이 먹을 경우는 죄악이 아니라 했거늘 하느님은 진실로 관용과 자비로 충만하심이라.

이처럼 유대교와 이슬람교는 돼지고기를 먹는 것을 금기시한다. 그렇다면 이런 의문이 생긴다. 왜 《구약성서》와 《쿠란》에서는 돼지고기를 먹지 못하게 했을까? 일반적으로 돼지의 더러운 습성과 불결한 식습관 때문에 돼지고기 먹는 것을 금했다는 것이 오래된 가설이다. 돼지는 쓰레기더미를 뒤지는 것을 좋아하고, 죽은 곤충, 썩은 시체, 배설물, 쓰레기를 먹어치우는 불결한 동물로 보고 있다.

그러나 사실 돼지는 깨끗한 것을 좋아하는 동물로 알려져 있다. 자신의 배설물도 일정한 장소에서 처리한다. 인간의 배설물을 먹는 습성도 본성적인 결함에서 비롯된 것이 아니라 사육하는 이들이 비용을 아끼기 위해 먹이를 제대로 주지 않아 달리 먹을 것이 없기 때문이다. 돼지는 땀샘이 없기 때문에 몸을 시원하게 하려면 진흙탕에 뒹굴면서 기화열을 통해 열을 발산시켜야 한다. 돼지는 똥과 오줌으로 더럽혀진 진흙탕보다는 깨끗한 진흙탕을 더 좋아한다. 따라서 유대교나 이슬람교에서 돼지고기를 금기시하는 근거로 삼은 위생학적 설명은 설득력이 없어 보인다.

사육에 부적합한
환경과 비용

중동 지역의 생태학적 조건과 환경이 돼지 사육에 부적합하고 키우기에는 비용이 맞지 않기 때문에 돼지고기 식용을 반대하는 유대교나 이슬람교의 율법이 만들어졌다는 입장이 있다. 인류학자 마빈 해리스와 칼튼 쿤이 대표적이다.

마빈 해리스는 《구약성서》에서 먹기 좋은 고기와 금지된 고기를 구분하면서, 해당 짐승의 더러운 습성이나 건강에 좋지 않은 고기는 한마디도 언급하고 있지 않다는 사실을 지적한다. 대신 먹어도 좋은 동물의 특정한 해부학적·생리적 특징에 주의를 기울이고 있다는 점에 주목한다. 〈레위기〉 11장에는 "발굽이 완전히 갈라져 그 틈이 벌어져 있고 되새김질을 하는 것은 모두 먹을 수 있다."라고 씌어 있다. 그런데 돼지는 발굽이 갈라져 있어도 되새김질하지 않는다. 되새김질에 주목할 필요가 있다.

고대 중동 지역에서 음식을 제공하는 중요한 동물은 소, 양, 염소였다. 이 동물들은 풀이나 짚과 같은 거친 섬유질 먹이를 소화하는 데 가장 효과적인 신체 구조를 가진 반추동물이다. 해리스는 섬유질을 소화하는 반추동물이 중동 지역의 인간과 가축 사이의 관계에서 결정적으로 중요하다고 보고 있다. 반추동물은 인간이 먹어야 할 곡물을 나눠 먹지 않고, 인간이 먹기에 적당하지 않은 풀이나 짚, 건초, 관목과 잎사귀를 먹고 살면서 고기와 젖을 제공할 수 있기 때문이다. 이 동물들은 먹이에서 인간과 경쟁하지 않는다.

반면에 돼지는 잡식동물로서 되새김질하지 않는다. 돼지에게 풀이나 짚, 나뭇잎처럼 섬유소가 많은 것을 제공한다면 제대로 소화하지 못할 뿐만 아니라 제대로 성장하지 못한다. 섬유소가 적은 밀이나 옥수수, 감자, 콩 등을 먹이면 돼지는 가장 효과적으로 식물성 식품을 동물의 살로 전환시키지만, 결국 인간과 먹을 것에서 경쟁 관계에 놓일 수밖에 없다. 비용과 이익 관점에서 볼 때 중동 지역에서 돼지 사육은 비용이 더 들어간다.

해리스는 돼지의 신체 열을 조절하는 체계가 건조한 중동 지역에 적합하지 않다는 점도 지적한다. 중동 지역에서 돼지를 기르는 것은 반추동물을 기르는 것보다 더 힘들다. 돼지에게 인위적으로 시원한 그늘을 만들어 주고, 몸을 식힐 수 있도록 물을 준비해야 하며, 인간이 먹어야 하는 곡물과 같은 식물성 식품을 먹여야 하기 때문이다. 게다가 이스라엘 민족과 같은 유목민족은 먼 거리를 이동해야 하므로 돼지를 무더위로부터 보호하기가 쉽지 않고 물이 넉넉하지 않아 돼지치기가 어려웠다.

이런 생태 환경의 부적합성이 돼지고기를 꺼리는 전통이 정착하는 데 이바지했다. 돼지고기 식용 금기는 비용과 이익을 견줘 본 뒤의 선택이라는 것이 마빈 해리스의 주장이다.

중동 여러 지역에서도 신석기시대부터 가축을 사육하기 시작했고 돼지를 길러왔다. 고고학자들이 발굴한 신석기시대의 중동 지역 마을들에서 돼지 뼈가 대량으로 발굴되었다. 이런 사실로 미뤄 볼 때 중동 지역에서 돼지 사육이 오래전부터 이루어지다가 어느 시점부터 쇠퇴하기 시작했음을 알 수 있다.

칼튼 쿤은 돼지 사육이 쇠퇴한 이유로 삼림의 황폐화와 인구 증가를 들었다. 신석기 초기만 해도 돼지에게 그늘과 웅덩

이뿐 아니라 도토리, 밤 외에 여러 가지 먹을거리를 제공하는 너도밤나무와 참나무 숲이 있었다. 그러나 인구가 늘어 농지 면적이 증가하고 올리브나무를 심기 위해 너도밤나무와 참나무 숲을 베어내자 돼지에게 알맞은 생태적 서식지가 파괴되었다. 즉 쿤은 생태학적 균형의 파괴가 돼지고기 식용 금기를 낳았다고 보고 있다.

부정함과
구별 짓기

기능주의적이면서도 구조주의적 입장에서 접근하는 인류학자 메리 더글러스의 입장을 살펴보자.

그녀는 유대교에서 식사 율법이 신성함의 규율로 여겨진다는 점에 주목한다. 신성함이란 고대 히브리인에게 필수적인 목표였다. 신성한 상태에서 신에게 다가가야 신의 축복을 받을 수 있다. 따라서 식사 율법이 정결함과 신성함에 도달하기 위한 것이라는 성서 입장을 따른다. 결국 식사 율법은 방종한 육체적 욕구에 부과된 정신적 규율이다. 사악한 육체적 식욕을 억누르려는 정신적 노력은 선함, 곧 신성함으로 나아가는 것이다. 다시 말해 유대인의 식사 율법은 개개인이 신의 율법을 얼마나 기꺼이, 완전하게 받아들이는지 측정하는 척도다.

이런 율법을 충실하게 지키는 유대인이 얻은 신성함은 그들을 다른 사람들보다 높이 고양시킨다.

더글러스는 우선 고대 히브리인이 양과 염소, 소를 기르던 가축사육 종족이라고 주장한다. 그녀는 이 동물들이 신에게 축복받은 종류였다는 사실을 지적한다. '발굽이 갈라지고 되새김질하는' 이 동물들은 깨끗한 것이 되었으며, 이런 조건을 충족시키지 못한 네 발 달린 동물은 불결하고 받아들여지지 않았다는 것이다. 즉 돼지가 금지된 것은 불결한 식습관 때문이라기보다 갈라진 발굽을 가지고 있어도 되새김질하지 않기 때문이다. 신성한 동물과 오염되고 불결한 돼지는 구분되어야 한다.

사회인류학자 에드먼드 리치는 터부의 기원에 관한 이론을 음식 금기에 끌어들인다. 리치는 "A와 B, 두 개의 대립한 카테고리가 존재하고, A, B 쌍방의 속성을 공유하는 경계영역에 있는 제3의 카테고리를 C라고 하고 이를 터부로 여긴다."라는 일반이론을 내놓았다. 유대인들이 식용으로 하는 소와 양, 염소는 반추동물로, 발굽이 갈라져 있는 가축이다. 그것들은 신의 축복을 받은 청정한 가축으로 여겨졌다. 그러나 반추동물이라도 발굽이 갈라지지 않은 동물이나 발굽이 갈라져도 반추동물이 아닌 동물은 경계영역에 소속되었다. 돼지가 경계영역에 속한다. 마찬가지로 비늘이나 지느러미를 갖춘 보통의 생선과 달리 뱀장어나 새우, 게는 수중에 살아도 비늘이나 지느러미가 없어 터부에 속한다. 날 수 없는 조류인 타조, 걸을 수 없어 기어다니는 파충류 등 양의성을 가진 생물을 금기시했다.

경계에 있고 양의성을 갖은 생물은 신이 창조한 우주론적 계획으로 명시한 범주를 이탈해 오염되었고 부정하다. 우주론적 계획이란 〈창세기〉에서 정한 세 단계 범주인 창공과 지상과 물 공간에는 거기에 걸맞은 생물들이 있다는 의미다. 이들은 순수하고 청정하고 신의 축복을 받은 생물이다. 신과 악마, 선과 악 등 모든 현상을 두 항의 대립으로 보는 일신교 세계에서는 설득력 있는 사고방식이다.

더글러스는 오염은 사회구조의 경계가 명확한 곳에서 일어날 수 있는 위험이라고 본다. 공동 질서가 강력하게 존재하는 집단에서 오염의 위험을 차단해야 한다. 유일신 신앙으로 강하게 결속된 집단을 더 강화하고 사회질서의 동요도 막으려면 오염에 대한 경계를 강화해야 한다. 불결한 돼지고기를 먹지 말라는 식사 율법에 따르는 것이 개개인을 신으로부터 선택받은 민족의 일원임을 확인시키고 신성화하는 것이다. 그는 유대인에게 신성해진다는 것은 다른 민족과 구별되는 의미라고 주장한다. 따라서 돼지고기를 먹지 않는 것은 신의 본성을 모방함으로써 자신을 '신성화' 하는 것이며, 동시에 돼지고기를 먹는 불결한 이교도와의 '구별 짓기' 라고 본다.

———— 음식 중독에 빠진 사회

먹방과 쿡방의
전성시대

어디를 가도 음식 이야기다. TV에서는 음식 프로그램이 넘쳐나고, 신문에서도 음식 기사를 쉼 없이 쏟아낸다. 인터넷 공간도 마찬가지다. 많은 사람들이 SNS에 '맛집'을 포스팅하고 나름대로 음식맛 평가를 올리는 것은 이제 일상이다. 식당에서 음식이 나오면 핸드폰으로 사진 촬영부터 한다. 요즘 핸드폰에 저장된 사진의 절반이 음식 사진이라는 말도 있다.

맛집, 핫한 카페에 대한 최신 정보는 SNS를 통해 급속하게 퍼지고, TV에 한 번이라도 방영된 식당이나 드라마 속에 등장한 분위기 있는 카페는 꼭 가봐야 할 명소로 꼽히며 짧은 시간 안에 많은 인파로 북적댄다. 방송에 등장한 셰프들은 인기 연예인이 되고, 때로는 유명 셰프의 말 한마디가 절대적인 맛의 기준이 된다. 바야흐로 '음식의 시대'다.

문화비평가 스티븐 폴은 《미식 쇼쇼쇼》에서 이런 음식에 대한 열광을 "오늘날 유일하게도 음식만이 광적인 집착에 가까울 정도로 빠져도 사회로부터 손가락질을 받을 일 없이 섭취 가능한 물질로 남아 있기 때문"이라고 본다.

요즘에는 어디를 가더라도 '한 입맛' 한다는 사람이 많다. 평양냉면 한 그릇에 열변을 토하고, 어느 냉면집이 더 낫다고 주장할 때는 격렬하기가 이를 데 없다. 매체에 소개된 맛집은 전국에 널려 있고, 개인이 SNS에 올리는 맛집은 더 많다. 맛있는 음식과 식당에 대한 정보가 너무 많다 보니 무엇이 확실한지 확신할 수가 없다. TV 맛집 프로그램에서도 과장된 표정에 '담백하고 맛있다' 정도의 인상 비평에 지나지 않는 경우가 많다. 누구나 삼시 세끼 밥을 먹기에 음식맛 정도야 나도 안다고 자부하는 게 당연한 걸까.

우리는 매년 요리를 덜 하고, 간편식품을 더 많이 구매하고 있으며, 밖에서 식사하거나 배달 또는 포장음식으로 식사를 경우가 점차 늘어나고 있다. 2022 서울시 먹거리 통계조사에 따르면 일주일간 평균 식사 횟수는 17회이며, 이 가운데 집에서 요리한 음식으로 식사를 하는 횟수는 10.1회로 60%

에 미치지 못한다.

가정에서 포장을 뜯어 즉시 먹는 즉석조리 식품과 간단한 조리를 거쳐 섭취할 수 있는 밀키트 등 가정 간편식 시장은 최근 6년 사이에 2배로 커졌다. 몇 년 전 설문조사에서 지난 일주일간 가정 식탁에 가장 많이 오른 음식을 묻자 절반 정도만 '직접 요리한 음식'이라고 답했다. 전통적인 의미의 집밥의 비중이 줄어드는 가장 큰 이유로 '요리하는 시간을 줄이기 위해서'라고 했다.

그럼에도 불구하고 요리와 음식에 대한 관심이 늘어났지만, 직접 요리하기보다 TV나 유튜브에서 운영하는 먹방과 쿡방을 보느라 더 많은 시간을 보내고 있다. TV 채널을 이리저리 돌려봐도 피할 수 없을 만큼 먹거나 요리하는 예능프로그램이 넘쳐나고 있다. 인터넷과 TV의 먹방과 쿡방 시청 시간이 일주일 평균 78분이라는 2021년 서울시 먹거리 통계조사 결과가 너무 적어 보일 정도로 먹방과 쿡방의 전성시대다.

'먹는 방송'의 줄임말인 '먹방'은 실시간 인터넷방송에서 유래한다. 방송을 진행하는 BJ들이 자신이 먹는 장면을 그대로 인터넷방송을 통해 내보내는 초기 먹방의 형식은 단순했다. 카메라 앞에 음식을 놓고 맛있게 먹으면서 시청자와 채팅을 즐겼다. 먹방이 꽤 수익률 좋은 인기 콘텐츠에 속하자 경쟁이 심화되고 형식이 다양해졌다. 음식을 먹으면서 맛을 평가하는 미식형, 정해진 시간에 엄청난 양의 음식을 모두 다 비우거나 자극적인 음식 또는 먹기 힘든 음식을 먹는 도전형을 비롯해 먹방 유형이 다양해졌다.

인터넷방송보다는 공중파나 케이블방송에 주로 방영되는 '쿡방'은 말 그대로 요리하는 행위에 초점을 맞춘다. 유명 셰프나 연예인들이 누구나 쉽게 구할 수 있는 재료로 요리를 만들어 선보이는 프로그램에서 시작해 매우 다양한 형식의 프로그램들이 계속해서 제작되고 있다.

사실 먹방과 쿡방 형식의 TV 프로그램이 새로운 것은 아니다. 주부를 대상으로 하는 요리 프로그램이나 전국의 맛집을 소개하는 프로그램은 오래전부터 방영했다. 이런 기존 프로그램들은 음식과 식당에 대한 정보를 제공하는 성격이 강했다. 이에 비해 최근 유행하는 먹방과 쿡방은 음식으로 시작해 음식으로 끝나는, '먹는 행위'와 '요리하는 행위'에 초점을 맞춘다는 점에서 이전과는 전혀 다른 형식이다.

게다가 쿡방에 출연하는 셰프들이 현란한 솜씨를 발휘해 평범한 재료로 멋진 요리를 만들어내면서 다소 과장된 제스

처를 취해 한 편의 쇼를 펼쳐 보인다. 그렇다 보니 젊은 셰프들이 아이돌 못지않은 인기를 누리기도 해 '셰프테이너' 또는 '쿡테이너'라고 불린다. 최근에는 '요리 잘하는 남자가 섹시하다.'라는 의미의 '요섹남'이 신조어로 등장했다.

먹방과 쿡방의 유행은 자연스러운 현상으로 볼 수 있다. 인간의 가장 강력한 본능인 식욕을 자극하는 방송에 이끌릴 수밖에 없기 때문이다. 이런 방송을 통해 가식적인 삶에서 벗어나 본능에 충실하게 자기만족을 구하므로 문젯거리가 될 게 없다는 논리가 가능하다.

그러나 먹방 문화의 확산이 우리나라에서 유난히 두드러진다. 외국에서는 먹방을 한국의 독특한 문화 현상으로 보고, 이를 한국어 발음 그대로 'mukbang'이라는 고유명사로 부른다. 그렇다면 먹방과 쿡방의 유행을 인간 본능의 차원이 아니라 다른 차원에서 살펴봐야 한다. 여러 접근 방식이 있지만, 가장 일반적인 접근 방식은 사회·심리적 분석이다.

먹방이 인기를 끄는 이유 중 하나는 1인가구가 늘고 '혼밥족'이 늘어나면서 외로워진 현대인들이 누군가와 함께 음식을 먹으면서 이야기 나누는 '관계'를 필요로 하기 때문이다. 핵가족화 및 가족의 해체로 인해 식구가 함께 모여 밥을 먹는 경우는 현저히 줄어들었다. 통계상으로도 1인가구는 2000년대 들어 크게 늘어났다. 1인가구의 비율은 2000년 15.5%에서 2021년 33.4%로 2배 이상 증가했다. 같은 기간 4인가구의 비율이 31.1%에서 14.7%로 감소한 것과 대비된다. 1인가구의 증가로 식사를 혼자 해결할 수밖에 없는 사람이 늘고 있다.

따라서 먹방이 인기를 누리는 배경에는 1인가구의 증가와 함께 혼자 식사할 수밖에 없는, 숨길 수 없는 외로움이 녹아 있다. 특히 청년들은 취업, 결혼, 출산, 내 집 마련 등 경제적 또는 심리적 박탈감에 인간관계를 포기하기도 한다. 이 때문에 자연히 외식이 줄어들고 집에서 혼자 외롭게 식사하는 일이 많아지면서 자연스럽게 먹방을 찾는다고 분석한다. 실제로 먹방의 주요 시청자는 1인가구원이고, 많이 몰리는 시간은 저녁 시간대와 겹친다.

영국 BBC는 한국인의 먹방을 다룬 뉴스에서 먹방을 외로운 한국인들의 '사이버 파티'로 규정했다. 혼자 밥 먹는 것에 익숙하지 않은 한국인들이 발달한 정보통신 기술을 이용해 누군가와 함께 밥을 먹는 가상현실이 먹방이라는 것이다.

먹방을 즐겨 보는 이유를 '대리만족'으로 분석하기도 한다. 우리에게는 타인의 행동을 거울처럼 반영하는 신경 네트워크인 '거울뉴런'이 있다. 거울뉴런의 작용으로 우리는 타인의 행동을 보거나, 행동 과정에 관한 이야기를 듣기만 해도 자신이 그런 행동을 하는 것처럼 활성화된다. 먹방을 볼 때 기분이 좋아진다면, 이는 거울뉴런의 작용으로 다른 사람이 먹는 것을 보며 그와 유사한 감정을 느끼기 때문이다. 이런 작용으로 우리는 직접 음식을 먹는 대신 먹방을 시청하며 대리만족한다.

TV 먹방 프로그램에는 먹는 것을 좋아한다고 여겨질 법한 덩치 큰 연예인들이 자주 등장한다. 이들은 보쌈 고기나 구운 고기를 한꺼번에 여러 조각을 넣고 큼지막하게 쌈을 싸 한입에 몰아넣는다. 국수를 먹을 때는 한 젓가락에 최대한 크게 말아 한입에 후루룩 빨아 당긴다. 게다가 이들은 카메라를 향해 마블링이 잘 된 고기를 가깝게 보여주고, 구운 고기를 입안에 넣는 순간부터 감탄사를 연발하고, 맛있다는 다소 과장된 표정을 짓는다. 후루룩후루룩 먹는 소리를 크게 내고, 입 안에 뜨거운 음식을 넣은 뒤 입을 벌려 하얀 김을 뱉는다. 맛 도 냄새도 느낄 수 없는 시청자를 위해 시각과 청각을 최대한 자극한다.

먹방을 보고 있노라면 자기도 모르게 입안에 군침이 돈다. 미각뿐만 아니라 맛있는 냄새가 후각을 자극한다. 먹지 않았 는데도 먹은 것 같다. 기분이 좋아지고 포만감까지 든다. 게 다가 경제적으로 부담되어 쉽게 접할 수 없는 음식이 화면에 등장하면 그 음식은 이미 내 뱃속에 들어와 있고 그 맛과 식 감의 여운이 밀려온다.

한편, 먹방과 쿡방이 인기가 높은 것은 사람들의 '정서적 허기'를 달래주고 심리적 안정감을 느끼게 해주기 때문이다. 많은 시청자들이 보면서 '힐링' 된다는 먹방 프로그램에서 출 연자들은 한적한 시골에서 자급자족한 유기농 음식으로 하루 세끼 식사를 함께 준비하고 함께 식사한다. 삭막한 도시 생활 에서 각종 스트레스에 시달린 이들이 농촌에서 나는 작물과 직접 잡은 생선으로 식사를 조리하는 과정은 도시인들에게 판타지처럼 느껴진다. 현실적으로 직접 농사를 지어 재배한 식재료로 밥을 해 먹기에는 엄청난 시간과 노력이 들어간다.

하지만 시청자들은 이들의 '슬로 라이프'를 통해 얻은 건강한 음식에서 심리적 안정감을 느낀다.

이처럼 먹방과 쿡방에서 음식은 단순히 우리 몸뿐만 아니라 마음을 채우고 건강하게 하는 존재라는 점을 확인시켜주고 있는지 모른다. 가상공간이든 현실이든 음식을 먹는 행위를 통해 다른 사람과 관계를 맺고 발전시키고, 세상에서 상처받은 스트레스를 달래고, 때로는 누군가에게 정성스럽게 음식을 해주면서 마음의 안식과 위로를 얻는다.

한 심리학자는 "경쟁 논리와 물질만능주의에 지친 한국인에게 먹방과 쿡방은 허울이나 형식을 떠나 소박하고 편안함 속에 인간의 기본적인 '먹는 욕구'를 제대로 충족시키면서 진짜 행복을 추구하려는 심리와 연관 있다."고 분석한다.

먹방과 쿡방에 대한 긍정적인 측면과 사회·심리적인 분석을 부정하지 않지만, 이런 방송에서 드러나는 부정적인 면과 영향에 대한 우려를 표명하는 견해도 적지 않다.

먼저, 먹방과 쿡방을 일종의 '푸드 포르노'라고 부른다. 푸드 포르노는 1984년 영국의 저널리스트 로잘링 카워드가 《여성의 욕망》에서 처음 사용했다. 이 용어는 음식이나 이를 먹는 영상을 통해 자신의 욕구를 해소하는 일종의 대리만족을 일컫는 말로, 타인의 식욕과 식탐을 관음한다는 의미다. 따라서 먹방과 쿡방과 같은 음식 프로그램은 관음을 통해 허기진 욕망을 채우는 대리만족에 불과하다고 본다. 결국 실제로 채워지지 못하는 허기는 물신화된 식탐 문화를 양산하고 심화된 허기를 재생산할 뿐이다.

푸드 포르노를 다른 식으로 접근할 수 있다. 성욕과 식욕은 본능적인 욕구이며, 이 중 성욕은 숨겨야 하고 부도덕한 것으로 보는 사고방식이 여전하다. 성적인 표현은 예술 영역이나 대중매체에서도 상당한 제한이 가해진다. 성욕이 억압된 상태에서 허용된 본능이 식욕이다. 먹방과 쿡방은 원초적 본능인 식욕을 자극해 이윤을 창출하는 푸드 포르노에 불과하다.

다음으로 먹방과 쿡방은 현실 비판적 인식을 둔화시켜 풍요의 판타지를 생산한다. 먹방과 쿡방에서는 발달된 촬영 기술을 통해 시청자들의 식욕을 불러일으키고 예능의 포맷을 적용해 재미를 제공하지만, 음식의 맥락과 의미는 함구한다. 출연자들은 요리를 만들거나 먹으면서 연신 찬사와 행복감을 과장되게 보여줄 뿐이다.

영양주의
시대

TV에서 의사, 영양사, 식품 관련 전문가들이 출연해서 어떤 식재료가 가지고 있는 특정 성분이 항산화나 항암작용이 있다거나 심지어 어떤 병을 치료할 수 있다는 프로그램을 자주 마주친다. 많은 이들이 이런 프로그램에 귀를 기울인다.

그런데 어떤 식품은 어디에 좋고 다른 식품은 어디에 좋다고 하는데, 여러 방송을 듣다 보면 모든 식품이 슈퍼 푸드다. 때로는 아주 미량의 영양성분들이 당장 건강하게 해주거나 치료해줄 것처럼 착각하게 한다. 식품 속에 들어있는 미량의 영양성분이 효과를 내려면 그 식품을 얼마만큼 얼마나 지속적으로 먹어야 하는지 알려주어야 하는데, 그런 정보는 잘 제공되지 않는다. 그래도 시청자들은 방송이 끝나자마자 슈퍼마켓으로 달려가거나 구매 버튼을 누른다.

식습관에는 '무엇을' 먹어야 건강에 좋은가 하는 불안감과 욕구가 동시에 있다. 때로는 먹거리에 대한 관심이 모든 병을 고쳐줄 완전식품을 찾는 것으로 나타나기도 한다. 특히 '약과 음식은 근원이 같다'는 사고가 강할수록 먹거리에서 비타민, 오메가3, 그리고 식물성 화학물질인 파이토케미컬 등 다양한 성분을 찾으려 강박적으로 집착하기도 한다. 우스갯소리로 이런 말을 한다.

"식당 벽에 쓰인 글만 잘 보고 다녀도 동의보감 뗀다."

약식동원과 함께 의식동원, 즉 음식을 질병에 따라 골라 먹으면 질병을 치료할 수 있다는 관념은 중국 본초학에서 기인한다. 서양에도 이런 관념이 오래전부터 있었다. 고대 그리스 의학자 히포크라테스가 제기하고 갈레노스가 발전시킨 네 가지 체액설이다. 이 의학적 치료 원리는 9세기 전까지 가장 영향력 있는 의학 이론이었다. 기본적으로 인간의 몸이 네 가지 체액으로 차 있으며, 체액들 사이의 균형이 맞으면 건강한 상태라고 생각했다. 모든 병과 심신 장애는 혈액, 점액, 황색 담즙, 검은 담즙의 네 가지 체액 중 하나라도 모자라거나 넘쳐 발생한다고 여겼다. 이 네 가지 체액을 각각 사계절과 공기, 물, 불, 흙 등 4원소와 습하고, 건조하며, 뜨겁고, 찬 네 가지 성질에 연결해 설명했다. 이들 간의 균형을 되찾아 병을 고치려면 '차가운' 과일, '습한' 생선, '차갑고 건조한' 고기, '뜨겁고 건조한' 향신료 등의 음식을 적절히 섭취해야 한다고 했다.

이처럼 식단은 건강에 중심적인 역할을 하고 음식을 다양하게 먹으면 여러 질병을 예방할 수 있다는 사실은 수천 년 동안 알려져 왔다. 20세기에 들어서자 과학계는 식품 성분들을 분석했고, 특히 비타민과 같은 필수영양소의 발견은 이전까지 이 영양소의 결핍으로 인한 질병을 예방하고 치료하는 데 크게 이바지했다.

20세기 초 미국 남부에서는 8만7천 명이 영양 결핍성 피부염인 펠라그라로 사망했다. 그중 절반 이상이 아프리카계 미국인이었고, 3분의 2 이상이 여성이었다. 돈을 벌기 위해 필사적으로 면화만 재배하던 대부분의 남부 흑인 농부와 소작농은 빈곤했다. 이들은 옥수수를 주로 먹었다. 당시 전례 없이 많은 생산량을 보이던 옥수수는 거의 흙만큼이나 값이 저렴했다.

옥수수는 1498년 콜럼버스가 아메리카에서 스페인으로 가져가면서 급속도로 퍼졌다. 옥수수는 재배하기 쉽고 수확량이 풍부하며 오래 보관할 수 있다. 그러나 옥수수는 화학적 구조를 바꾸는 과정인 닉스타말화 없이는 먹기가 힘들 뿐만 아니라 심각한 질병을 야기한다. 남부 농부들은 음식으로 거의 닉스타말화하지 않은 옥수수가루로 만든 죽에만 의존했고 나이아신, 즉 비타민B_3 결핍으로 이어졌다. 결국 설사와 피부염을 앓고 심하면 사망에 이르렀다.

미국에서 펠라그라로 한참 어려움을 겪고 있을 때, 네덜란드의 생리학자 크리스티안 에이크만은 각기병의 원인을 찾아냈다. 그는 자바에 파견되어 머물러 있던 병원 뒤뜰의 닭들이 모두 제대로 걷지 못하다가 어느 날 일시에 완쾌된 현상을 목격했다. 완쾌된 이유를 찾던 그는 닭들에게 백미를 모이로 주다가 도정이 덜 된 현미로 바꾸었다는 사실을 알았다. 닭들을 대상으로 백미와 현미로 실험을 거듭한 결과 가공 과정에서 많은 영양소가 제거된 백미 식단이 각기병과 관련되어 있다는 사실을 알아냈다. 영양학적으로 온전한 현미를 닭에게 먹이자 병이 나았고, 사람을 대상으로 해서도 마찬가지였다.

통곡물의 미강층에 존재하는 비타민B_1의 결핍이 각기병을 일으킨다는 사실이 나중에 밝혀졌다. 1911년, 폴란드 생화학자 카시미르 풍크는 현미의 각기병 치료 성분이 아민이라는 것을 밝히고, 그 필수영양소에 '생명'이라는 뜻의 vita와 amine 두 단어를 합쳐 비타민이라고 명명했다. 이후 비타민은 하나씩 분리되고 이름이 붙여지며, 1948년까지 비타민 13종이 필수영양소로 여겨졌다. 여기서 '필수'라는 말은 건강에 필요할 뿐만 아니라 인체에서 생성되지도 않는다는 뜻이다. 비타민으로 간주하지 않는 다른 필수영양소도 이후 확인되었다.

1896년, 미국 웨슬리언대학교 교수 윌버 애트워터는 학내 주드 홀 지하의 밀폐된 '열량계 방'에 한 대학원생을 가두었다. 피실험자는 육류 냉동 창고와 흡사한 작은 방에서 며칠 동안 거주하면서 일상적이라고 간주하는 모든 활동을 수행했다. 기밀식 출구를 통해 정확한 분량의 빵, 토마토, 소스에 조린 콩, 햄버그스테이크, 우유, 으깬 감자 등을 배식받았다. 식사하지 않을 때는 역기 들기와 같은 운동을 하거나 논문을 읽는 등 정신활동을 수행했다. 소비된 에너지는 열 교환으로 측정되었고, 이를 통해 애트워터는 수천 가지 음식의 칼로리 값을 측정했다.

애트워터는 1907년 사망하기까지 열량계를 사용해 대략 8

천 품목의 식품을 분석했다. 에트워터 연구진은 칼로리로 음식에 등급을 매기기 시작했고, 나아가 탄수화물, 단백질, 지방의 칼로리를 계산해 적정한 식단을 구성할 수 있는 기초를 제공했다.

그러나 애트워터의 연구는 음식을 열량으로 환원한 것으로, 결국 모든 음식은 본질적으로 모두 똑같다는 주장에 권위를 안겨주었다. 열역학적으로 보면 칼로리가 어디에서 어떤 음식에서 나오든 아무 상관없다. 1911년 한 동물학자는 그의 논문에서 "이제 음식 공급 문제는 본질적으로 에너지 공급의 문제다. 음식은 신체 기계를 운용하는 에너지를 생산하며, 인간의 모든 노력은 이 에너지 공급의 규칙성과 효율성에 달려 있다. 우리가 음식이라 부르는 이 에너지 매개체를 생산하는 것이 농민의 주된 기능"이라고 주장한다.

애트워터의 연구 결과는 의도하지 않았다고 해도 음식의 복잡성을 칼로리와 일부 영양성분으로 단순화하고 영양분을 음식보다 중시하게 했다. 이런 편견은 오늘날까지 우리가 저지르는 근본적인 실수이기도 하다. 음식은 단백질, 지방, 탄수화물 속에 들어있는 칼로리보다 복잡하다.

음식에 대한 이런 이해를 바탕으로 군대, 학교, 교도소의 급식 문제를 재검토하기 시작했다. 군인에게 적절한 배급량을 정하기 위해 협동 연구를 하고 있던 미국 국립과학아카데미와 전미연구평의회는 1941년 처음으로 일일 권장 섭취량을 발표했다. 칼로리와 필수 비타민, 미네랄의 최적 섭취량을 정량화하려는 계획의 일환이었다.

같은 해에 미국 식품의약국은 흰 밀가루의 영양소 강화 표준을 발표했다. 일반 식품에 합성 영양소를 첨가해 펠라그라와 각기병 같은 비타민 결핍 관련 질병을 거의 없애준 이 조치는 이후 '조용한 기적'이라는 말로 알려진다. 밀가루에는 철분과 비타민B군을, 오렌지주스 농축액에는 비타민C를, 마가린에는 비타민A를 첨가했다.

영양분을 첨가하는 것은 갈색 빵 시대에는 없었던 문제에 대한 좋은 해결책처럼 보였다. 이는 구조적 변화라는 번거로운 작업 없이 개발 중인 식품 가공 시스템의 문제점에 대한 신속하고 놀라운 해결책을 제공해주는 것처럼 보였다. 예를 들어 현미를 먹으면 각기병을 예방할 수 있는데, 유통 기간은 더 긴 백미를 먹고 합성 비타민B₁을 복용한다면 백미만으로도 각기병을 피할 수 있다는 논리다. 하지만 현미는 백미에 티아민을 더한 것 이상이다. 미량영양소를 화학적 형태로 첨가해 결핍 문제를 해결하는 것이 더 용이했으며 수익성도 높았다.

게다가 비타민처럼 영양학적으로 새로운 사실이 발견될 때마다 기적적인 치료법이라는 환호를 받았고 최신 가공식품에 다급히 추가되어 시장에 나왔다. 특히 비타민은 통제 불가능한 흥분에 가까운 반응을 불러일으켰다. 심지어 비타민이 위궤양과 충치 치료에 효과적이라거나 에너지와 뇌 기능에 탁월하다는 터무니없는 주장까지도 몰고 왔다.

100년 전부터 일어났던 '비타민 열풍'은 절대 끝나지 않은 유행이 되었다. 우리는 비타민을 먹으면 건강해졌다는 마음의 평화가 느껴진다. 오렌지주스를 마시면서도 비타민C를 섭취했다는 만족감을 덤으로 얻는다. 오늘날 전 세계 비타민 시장은 수백억 달러에 달한다. 비타민뿐만 아니다. 칼슘, 철, 칼륨, 요오드, 마그네슘, 아연, 망간, 구리, 크롬 등의 원소도 먹어야 한다. 게다가 각종 건강 기능 식품이 넘쳐난다.

파이토케미컬 열풍이 불기도 했다. 파이토케미컬은 과일이나 채소에서 발견할 수 있는 물질이다. 파이토케미컬은 식물이 병원균 해충, 곰팡이 등으로부터 자신을 보호하기 위해 뿌리나 잎에서 만드는 모든 화학물질을 말한다. 이런 화학물질은 천연물질이며, 일부는 블루베리의 보라색처럼 식물의 색소, 마늘 냄새 같은 식물의 관능성과 관련되어 있다. 카로티노이드, 플라보노이드처럼 파이토케미컬은 다양한 생리 활성 기능을 가지고 있어 생물학적으로 중요하지만, 체내에 부족할 경우 결핍증세가 나타나는 필수 영양소는 아니다. 파이토케미컬의 종류로는 약 4만 가지가 있다.

피이토케미컬은 세포의 기능이나 메커니즘과 관련한 구체적인 지식 없이 수천 년 전부터 약물로 사용되어 왔다. 예를 들어 히포크라테스는 버드나무 잎을 해열제로 처방했다. 항염증 및 통증 완화 기능이 있는 살리신은 처음에 버드나무의 껍질에서 추출했고, 이후 인공적으로 생산되어 처방전 없이 살 수 있는 약물인 아스피린의 주성분이 되었다. 아울러 파이토케미컬은 인체 내의 항산화물질의 작용을 촉진해 세포 손상을 막는 것으로도 알려져 있다.

TV와 대중매체에서 영양학자, 의사, 식품과학자, 심지어 요리사까지 파이토케미컬의 효능을 강조하기 시작했다. 특정 파이토케미컬 성분이 들어있는 과일과 채소의 효능이 때로는 과장되었다. 게다가 TV 프로그램에서 전문가 집단의 발언과 연예인의 반응이 상승효과를 일으켜 한 편의 쇼를 연출한다.

쇼의 분위기가 고조되면 시청자는 그 식품이 식품이 아니라 만능 치료제로 보인다.

이런 현상 중 하나가 블루베리에 대한 열광이었다. 적자색 색소 안토시안이 항산화 작용을 하며 눈 건강에 좋은데, 특히 블루베리에 많다고 전문가들이 다양한 매체에서 언급했다. 블루베리에 사람들의 관심이 점점 높아가고, 농가에서는 고소득 작물로 너도나도 블루베리를 재배하기 시작했다. 블루베리를 제철에 생으로 먹기도 했지만, 블루베리 착즙 주스, 블루베리 잼, 블루베리 케이크 등 블루베리로 만든 가공식품도 인기가 많았다. 몇 년이 지나자 블루베리 열풍은 잠잠해지고, 가격경쟁력이 월등한 수입 블루베리가 시장을 점령하자 블루베리 재배 농가들은 어려움을 겪고, 급기야 정부에서는 블루베리 재배 억제책까지 내놓았다.

파이토케미컬을 기반으로 하는 건강 기능 식품과 식이 보충제 시장도 규모가 상당하다. 하지만 미국암협회는 "현재 알려진 과학적 증거로 볼 때, 파이토케미컬 식이 보충제를 섭취하는 것이 장기적으로 사람들이 과일, 채소, 콩, 곡물 등을 섭취하는 것만큼 건강에 좋다는 주장을 지지하지 않는다."라고 밝혔다.

음식을 칼로리와 영양성분으로만 환원한다면 음식의 맛, 문화, 전통은 모두 부차적인 것이 된다. 식재료가 가지고 있는 맛과 향, 색깔, 식감이 오롯이 살아있는 음식이 주는 즐거움을 양보할 수 없다. 그리고 장과 김치처럼 오랜 세월을 거쳐 지혜가 모인 발효식품은 과학과 전통문화의 산물이다. 식탁의 즐거움과 음식의 문화적 전통을 뒤로하고 식품의 영양학적 가치만 강조하는 영양주의적 접근이 음식을 더욱더 추상화한다.

미각의
풍요로움

많은 과학자들이 인간의 미각이 발달한 것은 독이 든 음식이나 상한 음식을 판별하기 위해서라고 말한다. 맛이란 생각해 보면 몸 안으로 들어오는 먹이를 구별하는 문지기다. 우리 몸에 이로운 것과 해로운 것을 판별하는 데 맛이 도움을 준다.

혀는 쓴맛을 느끼면 뇌에서 불쾌감을 느끼고 자동적으로 찡그린 표정을 짓는데, 이는 인간을 포함한 거의 모든 동물에서 관찰된다. 쓴맛은 자연계에서 독소와 연관되어 있다. 그러므로 쓴맛을 민감하게 느끼고 자동적으로 뱉어내는 반응은 독소를 실수로 먹지 않을 확률을 높이기 위한 행동이다. 쓴맛을 감지하는 유전자가 늘어날수록 생존 확률이 올라갔다.

쓴맛의 대척점에 있는 것이 단맛이다. 쓴맛이 위험을 피하게 해준다면 단맛은 생명체의 기본 에너지원인 포도당을 바로 섭취할 수 있다는 신호다. 그러나 당으로 분해 과정을 거치지 않고 바로 사용할 당 공급원은 많지 않아 과일이나 베리, 꿀에나 있고, 이들이 가진 맛인 '단맛'은 강력한 유인 요인이 된다.

탄수화물이나 단백질, 지방이 당이 되려면 변환 과정을 거쳐야 하지만, 꿀이나 과일의 당은 먹는 즉시 에너지로 쓸 수 있는 매우 효율적인 에너지이므로 당을 가진 것을 뜻하는 단맛은 "이건 먹어야 해!"라는 강력한 신호로 작용한다. 더구나 단것을 먹으면 쾌락 중추가 자극되어 즐거움을 기대하게 해주고 더 먹고 싶다는 욕구를 일으킨다. 이런 메커니즘이 단것을 더 찾게 하고, 단것을 먹고 나면 행복해지는 이유라고 할 수 있다. 이처럼 미각은 생존을 위해 발달하지만, 먹거리가 풍족하고 요리법이 다양해지면서 미각의 폭은 매우 넓어지고 다채로워진다.

미각은 혀의 감각으로, 이를 통해 음식물의 맛을 느낀다. 정확히는 음식물의 성분이 친수성 용매에 녹아 미뢰의 수용체에 닿을 때 수용체가 인지하는 감각이다. 오랫동안 과학계에서 인정한 미각이 감지하는 맛은 단맛, 짠맛, 신맛, 쓴맛

네 가지뿐이었다. 우리나라에서는 매운맛을 더해 오미라고 하는데, 매운맛은 혀의 미각 수용체로 느끼는 것이 아니라 통각, 정확히 말해 온도 수용체로 느끼는 통증이다. 덜 익은 과일이나 차, 와인 등에서 나는 떫은맛은 탄닌 성분이 혀에 있는 부드럽고 끈끈한 막을 오그라들게 하면서 느끼는 감각인 압각이다. 떫은맛도 통증이다. 일시적으로 혀의 미각세포 주변의 수분을 붙잡거나 단백질을 끌어당겨 마비가 일어나 생성되는 수렴성의 맛으로 불쾌감을 준다. 떫은맛이 강하면 불쾌하지만 약할 때는 쓴맛과 비슷하게 느껴지며, 다른 맛 성분과 함께 존재하면 독특한 풍미를 형성한다.

오늘날에는 미각으로 느끼는 맛에 감칠맛이 추가되어 다섯 가지 맛이 되었다. 1908년 일본 화학자 이케다 기쿠나에가 감칠맛을 발견했으나 다섯 번째 맛으로 인정받기까지는 오랜 시간이 걸렸다. 그는 다시마 국물의 맛이 기존의 네 가지 맛과 다르다는 것을 인식하고 그 맛을 내는 성분을 조사하기 시작했다. 마침내 그는 아미노산의 일종인 글루탐산이 미묘한 맛을 낸다는 것을 알아내고 묘한 맛을 '감칠맛(우마미)'이라고 이름 붙였다. 그 뒤 다른 일본 학자들이 가쓰오부시에서 또 다른 감칠맛 물질 이노신산을, 표고버섯에서 구아닐산 등

핵산계 물질을 발견한다. 아미노산계의 글루탐산이 핵산계의 이노신산과 구아닐산을 만나면 감칠맛이 증폭된다. 일본에서는 다시마와 가쓰오부시, 우리나라에서는 다시마와 멸치, 서양에서는 채소와 고기 또는 뼈로 기본 육수를 만들어 음식의 감칠맛을 살린다.

수천 가지 냄새를 구분할 수 있는 후각기관에 비해 미뢰는 제한된 맛만 구분해낸다. 예를 들어 같은 신맛의 음식이라도 느끼는 인상은 함께 자극되는 후각에 크게 좌우된다. 우리가 느끼는 맛의 80%는 후각이 담당한다. 우리가 전 굽는 냄새만 맡아도 침을 흘리는 것은 그 음식에서 나는 휘발된 물질을 후각 세포가 감지하고 이를 뇌에 신호를 보내기 때문이다. 삭힌 홍어를 먹을 때 후각이 없다면 암모니아 냄새와 코가 뻥 뚫릴 듯한 '참맛'을 느끼지 못할 것이다.

여기에 맛을 더욱 풍부하게 감각이 있다. 찰기를 통해 멥쌀과 찹쌀을 구분하고 고기의 육질이 부드러운지 질긴지를 구분하는 촉각이다. 따라서 일반적인 맛을 느끼는 것은 미각과 후각, 촉각이 합쳐져 느끼는 공감각이다.

시각과 청각도 빼놓을 수 없다. 음식을 먹을 때 나는 소리가 뇌를 자극함으로써 반응을 끌어낸다. 식품 광고에서 효과

음이나 먹방에서 먹을 때 나는 소리를 크게 들려주는 것은 소리로 자극을 유도하기 위해서다. 시각 역시 꽤 중요한 요소로, 같은 맛과 질감의 음식이라도 시각적으로 전혀 먹음직스러워 보이지 않는다면 실질적인 맛 평가도 달라질 수 있다.

맛집 탐방 프로그램이 넘쳐나다 보니 방송에 소개된 맛집이 하나 건너 하나라고 해도 과장이 아닌 듯하다. 소셜미디어에서 자신이 방문한 식당의 음식을 소개하고 맛을 평가하는 것은 일상이 되었다. 너무나 흔하다 보니 그 식당의 그 음식이 정말 맛있을까 하는 의문이 들게 한다. 사실 SNS를 보고 찾아간 맛집에서 실망하기도 한다. 어쩌면 음식은 누구나 항상 접하는 것이고 그에 대해 자신의 견해를 밝히기가 쉽기에 객관적인 평가가 이루어질 수 없다. 나아가 객관적인 맛 평가는 처음부터 불가능하고, 사람마다 다 다르니 주관적일 수밖에 없다고 주장한다.

그렇다고 맛에 대한 평가가 주관적이고 상대적이라고 단언하기에는 이르다. 먼저 맛 평가는 '객관적'일 수 있다. 예를 들어 평양냉면을 평가해보자. 냉면 한 그릇을 받아들었을 때 먹음직스러워 보인다. 면을 먹기 전에 육수의 맑기 정도를 보면서 이 냉면집이 육수를 어떻게 만드는지 짐작할 수 있다.

육수를 맛보면서 더 정확하게 육수 제조법을 유추해볼 수 있고, 육수 온도에서 이 냉면집이 추구하는 육수의 스타일을 이해한다. '면발'에서도 메밀의 함량, 면의 굵기, 면의 익힘과 씻기, 심지어 반죽 방법까지 그 집만의 면의 특성을 짐작한다. 젓가락질하면서 느끼는 면의 식감과 향, 국물과 어우러지는 맛, 전체적으로 입안에서 감도는 풍미를 즐긴다. 맛에 대한 평가가 인상 수준이 아니라 식재료부터 조리법, 완성도 등에 대한 이해를 바탕으로 이루어져야 한다. "아는 만큼 맛이다."라는 말도 있듯이.

맛에 대한 평가는 절대적일 수 있을까? 절대미각을 지닌 사람이 있을까? 만화나 TV 프로그램에서 와인 전문가가 와인을 몇 모금 마시고는 '이 와인은 어떤 포도 품종으로 어느 지역에서 몇 년도에 만들었다.'며, 단번에 알아맞히는 것을 본 적 있을 것이다. 이 신통한 미각은 훈련을 통해 길러지는 감각일 뿐 타고난 절대미각이 아니다. 와인을 만든 포도 품종과 지역, 생산연도를 맞추는 것은 와인의 색깔, 향, 맛, 밀도 등을 분석해 가능성이 적은 것부터 하나씩 제거해가면서 확률을 높이는 과정을 통해 이루어진다. 와인 전문가는 많은 종류의 와인을 시음해보고 때로는 직접 포도 재배지와 와이너리를 방문해 최대한 많은 정보를 축적한다. 그는 와인에 관한 절대미각을 지닌 사람이 아니라 와인에 관한 상당한 정보를 기억할 뿐이다.

맛에 대한 평가는 음식을 먹을 때 주어진 환경과 심리적 상태에 따라, 나아가 서로 다른 식생활에 따라 달라질 수 있다. 하지만 음식에 대한 이해를 통해 더 폭넓고 다양한 맛을 경험하는 즐거움은 다르지 않다.

대중매체에서 음식맛을 표현하면서 맛깔나게 하는 장면을 보면 감탄사에 이어 절로 군침이 돈다. 한입 하면서 감칠맛을 듬뿍 담은 제스처, 적절한 비유를 끌어들이고 음식에 대한 추억을 소환하는 구수한 말투, 쏙쏙 들어오게 풀어내 화면 바깥까지 느껴지는 풍미는 우리를 식탁으로 끌어들인다.

그러나 TV 프로그램을 보면서, 때로는 음식맛에 대한 표현을 들으면서 의아해할 때가 있다. 맛집 소개 프로그램에서 식당에 온 손님이 양념이 진한 생선매운탕을 먹으면서 담백하다는 표현을 쓴다. '담백하다' 라는 표현은 맑은 생선국에 어울린다. 표현이 서툴러 이렇게 말하는 것은 이해되지만, 방송에서 음식과 어울리지 않는 잘못된 표현이 적지 않게 등장한다. 더 아쉬운 것은 맛의 표현이 단순하다는 점이다. 표현의 어휘 수가 다양하지 않고, 표현도 짧다. "깔끔하고 담백해서 맛있어요."라고 끝나는 경우가 많다.

우리말에는 음식맛을 표현하는 어휘가 400개가 넘는다. '맵다' 도 매콤하다, 맵싸하다, 매옴하다, 알알하다, 얼얼하다, 알찌근한다, 얼큰하다, 칼칼하다 등 무려 20개가 된다. '달다' 는 달달하다, 달콤하다, 달큰하다, 달짝지근하다, 달곰하다, 달금하다, 들큼하다, 들크레하다 등, '싱겁다' 는 밍밍하다, 맹맹하다, 삼삼하다, 슴슴하다, 무슴슴하다, 심심하다 등 다 나열하기가 쉽지 않다. 맛을 느끼는 것은 오감으로 느끼는 공감각이므로 미각 외에 표현도 많다. 말랑하다, 말캉하다, 바삭하다, 아삭하다, 고들고들하다, 쫄깃하다, 쫀득하다, 찰지다, 되직하다, 바특하다, 톱톱하다, 툽툽하다, 물그스름하다, 묽숙하다, 오동통하다, 통통하다 등 헤아릴 수 없다.

음식맛은 오감을 활용해 직접적으로 표현할 수 있지만, 비유적으로도 표현할 수 있다. 시인 백석의 〈국수〉라는 시가 있다. 평안북도가 고향인 그에게 국수는 오늘날의 평양냉면이다. 시의 끝자락을 보자.

아, 이 반가운 것은 무엇인가

이 히수무레하고 부드럽고 수수하고 슴슴한 것은 무엇인가

겨울밤 쩡하니 닉은 동티미국을 좋아하고 얼얼한 댕추가루

를 좋아하고 싱싱한 산꿩의 고기를 좋아하고

그리고 담배 내음새 탄수 내음새 또 수육을 삶는 육수국 내

음새 자욱한 더북한 삿방 쩔쩔 끓는 아르굴을 좋아하는 이

것은 무엇인가

이 조용한 마을과 이 마을의 으젓한 사람들과 살틀하니 친

한 것은 무엇인가

이 그지없이 고담하고 소박한 것은 무엇인가

———————— 먹거리는 안녕한가

녹색
혁명

녹색혁명은 1950년대 이후 세계 곳곳, 특히 개발도상국에서 일어난 대규모의 식량 증산을 통틀어 이르는 말이다. 이 혁명은 사실상 미국이 주도했다. 냉전체제에서 국제질서의 주도권을 다투던 미국과 소련은 개발도상국들을 각기 자기네 편으로 끌어들이기 위해 많은 애를 썼다. 미국은 개발도상국에서 공산주의 세력이 커지는 것을 막으려면 이 지역의 경제가 성장하는 것이 가장 중요하다고 내다보았다. 당시 개발도상국은 인구의 폭발적인 증가에 따른 만성적인 식량 부족이 경제성장을 발목잡고 있었다. 미국은 이를 해결하기 위해 전 세계적인 식량 증산 운동을 추진했다.

이 운동의 목적으로 록펠러재단이나 포드재단과 같은 미국의 민간기구가 개발도상국에 작물연구소를 설치·운영하고, 개발도상국 정부와 농업 협력 프로그램을 운영했다. 멕시코 멕시코시티의 국제밀·옥수수연구소에서는 1950년대 후반 록펠러재단의 후원을 받아 노먼 볼로그가 짧은 줄기의 다수확 밀을 개발했다. 록펠러재단과 포드재단이 후원한 필리핀 마닐라의 국제쌀연구소에서는 1960년대 'IR8'을 비롯해 여러 종류의 짧은 줄기 다수확 품종을 개발하기도 했다. 다수확 밀과 벼는 중남미, 동남아시아, 남아시아 등의 식량 증산에 크게 이바지했다.

이렇듯 녹색혁명의 특징은 과학적 품종개량을 통한 식량 증산이었다. 이전의 품종개량은 농부의 경험에 의존해 시행착오를 거쳐 이루어졌다면 20세기 중반의 품종개량은 과학 기술에 바탕을 두고 있다는 점이 다르다. 특히 이들은 줄기가 짧으면서도 많은 이삭을 맺는 품종을 만들어내고자 했다. 줄기가 길면 이삭이 많이 맺혀도 그 무게 때문에 작물이 쉽게 쓰러지기 때문이다. 그 결과 1950년대 후반에서 1960년대에 걸쳐 세계 3대 작물인 옥수수, 벼, 밀 중에서 밀과 벼의 품종개량에 성공했다. 이들 짧은 줄기의 다수확 밀과 벼는 개발도상국 농가에 빠른 속도로 보급되었다.

1968년, 미국 국제개발처 처장 윌리엄 가우드는 미국이 지원하는 산업형 농업의 확산에 새로운 이름을 붙였다.

"농업 분야의 발전과 그 밖의 발전은 새로운 혁명의 결과물을 포함한다. 소련의 폭력적인 붉은혁명도 아니고, 이란의 샤 같은 백색혁명도 아니다. 나는 이것을 '녹색혁명'이라고 하고자 한다."

수치로 보면 녹색혁명은 기적처럼 보인다. 전반적으로 개발도상국의 식량 생산량은 1960년대 초반부터 1980년대 후반까지 2배 많아져 인구보다 빠르게 증가했다. 멕시코는 밀 수입국에서 수출국으로 진입했다. 더 많은 수확량 덕분에 인도네시아의 쌀 생산량은 거의 300% 증가했다. 라틴아메리카의 옥수수 생산량은 3분의 1 늘어났다. 녹색혁명으로 아시아의 식량 공급량은 불과 25년 만에 2배로 늘었다. 굶주리는 사람들의 수는 1970년과 1990년 사이에 16% 감소했다.

새로 개발된 과학적 품종들은 이전의 재배 방식과 다른 '과학적' 영농이 필요했다. 새로운 품종으로 작물의 수확을 늘리려면 인위적인 요소들을 보충해야 했다. 이는 결국 화학비료와 살충제를 다량으로 이용하는 것을 말한다. 신품종은 다량의 화학비료를 주면 놀랄 만큼 많이 수확해도 그렇지 않을 경우 수확량이 재래종과 별다른 바 없었기 때문이다. 따라서 신품종을 받아들인 농민들은 새로운 씨앗을 뿌리기만 하면 되는 것이 아니라 새로운 영농 방식을 받아들이고 화학비료와 살충제를 많이 구입해야 했다.

화학비료와 살충제를 대량으로 살포해야 하는 새로운 영농 방식에서는 농기계가 필수적인 요소였다. 따라서 지역사회와 국가는 개인의 영농 활동을 효과적으로 뒷받침할 수 있도록 관개 체제 정비나 농업기계화 등의 과제를 추진해야 했다. 그 결과 녹색혁명을 추진한 대부분의 나라에서 농업 기반을 갖추기 위해 많은 투자가 이루어졌지만, 농민들도 상당한 투자가 필요했다.

녹색혁명 방식의 농업은 새로운 장비와 더 넓은 부지가 필요했고, 이는 신용이 요구되는 일이었다. 그러나 농민들은 대부분 이에 대한 자격을 얻지 못했고, 새로운 기술에 따른 혜택은 거의 부유한 농부만 누렸다. 소농들 대부분은 녹색혁명에 참여할 땅이 없었고, 장비에 투자할 수 없었으며, 현대적인 기술로 전환하기 위해 돈을 빌린 많은 이들도 파산했다. 게다가 새로운 영농 방식은 노동력을 최소화했다. 농민들은 도시로 내몰렸고, 도시에서 일자리를 구하기 어려웠다.

결국 녹색혁명은 기아를 종식하지 못했다. 시장에 더 많은 식량이 있다고 해도 식량 구하기에 어려운 사람들이 줄어드는 것은 결코 아니었기 때문이다. 더구나 화학 농업은 토양, 대기, 물, 기타 자원을 오염시켜 자연생태계를 위협한다.

먹거리의 대규모 산업화와
세계화

미국은 두 차례의 세계대전을 거치면서 대규모로 경작하는 산업형 농업이 정착한다. 제1차 세계대전 당시 거대한 규모의 연합군에게 식량을 공급해야 했기에 광대한 새로운 토지를 밀 생산에 투입했다. 1920년대 말에는 우리나라 국토 면적의 1.6배에 이르는 16만㎢의 땅을 트랙터로 갈아엎고 밀을 재배했다.

그러나 대공황을 거치면서 밀 가격이 폭락하자 손해를 만회하기 위해 더 많은 토지와 장비를 사들였다. 더 많이 수확해도 낮아진 가격 때문에 농부들은 돈을 더 많이 빌리고 작물을 더 심는 악순환에 빠졌다. 이런 과정에 수많은 소규모 농가가 파산하고, 스타인 백의 소설 《분노의 포도》에서 그려졌

듯이 서부 지역 캘리포니아로 이주해 농업노동자로 힘든 삶을 이어갔다.

제2차 세계대전 이후에도 미국에서는 소와 돼지를 키우면서 다양한 작물을 심어왔던 전통적인 소규모 농가는 사라지고, 밀과 옥수수, 대두 등 한두 가지 곡물만 심는 농가가 증가한다. 미국 농부들은 생산을 증대시키고, 비용을 낮추고, 이웃의 다른 농부보다 더 나은 소득을 얻기 위해 여러 가지 새로운 농업기술을 도입하라는 강요를 받았다. 농업이 산업화되면서 투입과 산출이라는 한정된 부문에만 모아졌고, 한 분야의 작물을 특화 재배할 것을 권고받았다. 그 결과 화학비료와 살충제, 제초제, 각종 수확 기계와 관개 기구에 의존한다. 그렇게 그들은 자신의 토지로부터 점점 더 멀어진다.

투입에 관계되는 각종 농기구, 종자 회사와 산출을 통제하는 가공 회사의 지배하에 놓인다. 1920년대와 1930년대처럼 일부 농부들은 빚더미에 앉으면서도 생산 증가를 위해 토지와 신규 기계를 사는 데 막대하게 투자한다. 결국에는 과잉생산과 부채로 인해 토지 가격은 무너지고 압류가 증가했다.

중소 규모 자립 농가의 타격은 대기업들이 진입할 더 많은 기회를 만들었다. 대규모 투자자들은 토지를 매입하고, 트랙

터와 컴바인을 사들여 이를 조작할 노동자를 고용했다. 거대 농업 기업이 모든 생산 유통 라인을 점령하면서 중소 규모 자립농을 중심으로 종자판매점, 농기계정비소, 도정제분소 등으로 형성되었던 농촌 마을들도 점차 사라진다.

미국은 과잉생산된 곡물을 식량난에 허덕이는 저개발국에 무상 또는 현지 통화로 지원하는 방식으로 농업보조금을 주면서 자국 농업을 부양시켜 왔다. '미 공법 480조'라고 불리는 농업수출개발지원법은 생산량 감축보다는 과잉생산을 지속하게 했다. 식량원조라는 명목으로 무상 또는 저가로 공급된 초과 생산물은 저개발 국가의 농민이 생산하는 작물들을 도태시켜 만성적인 식량 수입국으로 전락하게 했다.

세계무역기구 농업협정과 자유무역협정은 식량의 자유로운 무역을 보장함으로써 식량 생산과 공급을 국가 단위가 아니라 세계시장에 맡게 했다. 미국을 비롯한 몇몇의 식량 수출국은 농업보조금을 바탕으로 한 저가 농산물로 일방적인 무역 시스템을 구축해 곡물 시장을 장악했다. 농업보조금이 자유무역의 걸림돌로 간주해 협정 참여국들은 보조금을 대폭 줄이거나 폐지해야 하는데, 미국, 유럽연합 등은 휴경보조와 환경보호 및 증진이라는 이유로 보조금을 지급함으로써 농산물의 과잉생산과 저가 수출을 부추겼다.

1994년, 미국, 캐나다, 멕시코는 관세와 무역장벽을 폐지하고 자유무역권을 형성하는 북미자유무역협정(NAFTA)을 발효했다. 지금까지 멕시코 정부가 농민에게 제공했던 연료와 비료에 대한 정부 보조와 가격 하한 제도도 철폐되었다. 초국적 농업 기업이 재배한 저가의 농산물이 멕시코 시장으로 밀려 들어왔다.

화석연료와 화학물질의 인프라가 거의 필요 없었던 소규모 자영농 기반의 멕시코 농업은 큰 타격을 보았다. 그중에서도 멕시코의 주력 수출 농산물이자 경작지의 약 60%를 차지하는 옥수수 농업이 가장 큰 타격을 받았다. 옥수수 가격은 70%가 하락했다. 자급자족을 하던 농부는 공장노동자가 되기 위해 살던 땅을 떠나는 수밖에 없었다. 200만 명의 농부는 일자리를 잃었고, 실업률은 증가했으며, 이주는 급증했고, 소득은 정체 상태였다.

한편, 멕시코의 미국 옥수수 수입량은 NAFTA 시행 후 20년 동안 6배 증가했다. 그 이후로 이 수치는 다시 2배 더 늘어났다. NAFTA 이전 순수 외국인 직접투자가 34억6천만 달러였던 것에 비해 7년 뒤 2001년에는 247억3천만 달러로 증가했다. 2002년에는 세계 8위 수출국으로 성장해서 엄청난 경제성장을 보였다. 그러나 주식인 옥수수를 포함한 식량 수급 체계가 불안정해졌음은 부인할 수 없다.

필리핀은 한때 대표적인 농업국이었다. 한 해에 삼모작이 가능한 천혜의 자연조건을 갖고 있는 필리핀은 국제쌀연구소를 중심으로 1960년대에 녹색혁명을 이끌었다. 하지만 1990년대 초 필리핀 정부는 농업 투자를 절반으로 줄였다. 쌀이 남아돌고 국제 쌀값도 안정세를 보이는데 굳이 농업에 계속 투자할 이유가 없다고 판단했다. 더구나 "식량이 부족하면 사다 먹으면 된다."는 인식에 따라 산업화에 몰두했다.

1995년 국내 쌀값이 오르면서 위기가 찾아왔다. 필리핀 정부는 이에 대한 해결책으로 쌀 수입을 결정하고 1996년부터 연간 105만 톤의 쌀을 수입했다. 그러나 문제는 여기서 그치지 않았다. 2008년 전 세계를 강타한 식량 위기는 각국의 쌀 수출 금지로 국제 쌀값을 단숨에 2배 이상 끌어올렸다. 정부가 공급하는 쌀을 사기 위해 새벽부터 줄을 서는 진풍경이 온 나라에서 펼쳐졌다.

기업적 농업 경영은 이전부터 존재했다. 플랜테이션이 그것이다. 16세기 이후 유럽의 식민제국들은 식민지의 토지와 기후, 노동력을 이용해 유럽권에서 고부가가치를 지닌 작물들을 경작해왔다. 열대 및 아열대의 유리한 기후 조건, 선진국의 기술과 자본, 원주민의 저렴한 노동력을 이용해 단일 작물을 재배하고 이를 세계 여러 지역으로 수출하는 기업형 농업 경영이 플랜테이션이다.

제2차 세계대전 이후 식민지가 독립하면서 농장 경영권이 국유화되었으나 결국 상당수 다국적 농식품 기업 자본에 편입되었다. 현재 바나나, 사탕수수, 카카오, 커피, 팜유, 차, 면화 등이 대표적인 플랜테이션 작물이다. 토지의 상당 부분을 차지한 수출 작물은 그들의 주식과는 거리가 멀다. 정작 플랜테이션 작물 수출에 의존하는 국가는 주식으로 먹는 옥수수, 밀, 쌀을 수입해야 한다. 가계소득이 낮은 대부분의 국민들은 식량 구입에 소득의 상당 부분을 지출하다 보니 균형 잡힌 식단을 포기할 수밖에 없다. 국제시장에서 식량 가격이 오르면 이들이 가장 큰 피해를 입는다.

세계 곡물 교역량 중 옥수수, 밀, 쌀 등 3대 곡물이 전체 곡물 교역량의 87~90%를 차지한다. 전 세계적으로 곡물을 수출할 능력이 있는 나라는 소수이며, 곡물 수출량의 3분의 2는 5개 국가가 차지하고 있다. 미국이 식량을 수출할 여력이 가장 커서, 세계 곡물 수출량의 약 37%를 차지하는 세계 최대 곡물 수출국이다. 그 뒤는 아르헨티나, 캐나다, 오스트레일리아, 유럽연합 순으로, 이들 상위 다섯 나라가 세계 곡물 교역량의 64%를 차지하고 있다. 우리나라는 세계 7위 곡물 수입국으로, 매년 1,600만~1,700만 톤의 곡물을 수입하고 있다. 밀, 콩, 옥수수 등 3대 품목이 전체 곡물 수입의 95%를 차지하며, 곡물 자급률은 20% 내외에 불과하다.

세계의 곡물 유통 시장은 몇몇 다국적기업이 독점하고 있는데, 이들을 '곡물메이저'라고 부른다. 대표적인 곡물메이저인 아처 대니얼스 미들랜드(ADM), 벙기, 카길, 그리고 루이드레퓌스가 전 세계 곡물 시장의 80%를 쥐락펴락한다. 이들 기업 중 카길은 전 세계 곡물 무역의 40% 이상을 장악하고 있다. 우리나라의 곡물 수입도 상당량 곡물메이저에 의존하고 있다.

이들은 치밀한 정보력과 막강한 자금력으로 국가 간 협상에 적극적으로 개입해 막대한 이익을 챙긴다. 세계무역기구를 비롯한 국제기구를 움직여 세계 각국에 곡물 시장 개방을 강요하기도 한다. 이들 메이저가 거래하는 것은 밀이나 옥수수 같은 곡물뿐만이 아니다. 씨앗에서부터 농약 및 살충제,

가공식품, 생명공학까지 식량 관련 분야에서 선박 회사와 저장 시설까지 장악하고 있다.

냉이된장국 한 그릇에 봄기운을 한껏 느낄 수 있듯이 밥상 위의 봄은 봄나물에서 시작한다. 봄 아지랑이와 함께 쑥 올라오는 달래의 상큼하고도 맵싸한 맛은 겨우내 잠들어 있던 미각을 깨우기에 안성맞춤이다. 달래, 냉이, 쑥, 봄동, 쑥갓, 연추리, 씀바귀, 돌나물, 비름, 민들레, 머위, 취나물, 미나리, 근대, 유채 등은 대표적인 봄나물이다. 올봄 이 중에서 몇 가지로 봄기운을 느껴보았는가? 많아야 절반을 넘지 못했을 것이며, 그것도 한두 번만 맛보았을 것이다.

봄나물은 그렇다고 해도 밥상에서 자주 만나는 잎채소를 떠올려 보면 배추, 상추, 깻잎, 시금치, 양배추 정도다. 자신이 무엇을 먹고 있는지 궁금하다. 어제 무엇을 먹었을까? 이런 질문을 던지다 보면 지난 한 주 동안 어떤 식재료로 만든 음식을 먹었는지도 궁금해진다. 하나씩 꼽아보면 종류가 그리 다양하지 않다는 사실을 알고 당황스럽다.

유엔 식량농업기구에 따르면 전 세계 칼로리의 95%가 30종에서 온다. 식용 가능한 식물 3만 종 가운데 약 150종을 재배하고 있으며, 가축화한 조류와 포유류가 30종이 넘는데, 그중 14가지 동물이 우리가 가축에서 얻는 고기의 90%를 제공한다. 전 세계에서 먹는 음식물의 4분의 3이 겨우 12종의 식물과 5종의 동물에서 올 정도로 종이 엄청나게 줄었으며, 갈수록 적은 종과 품종에 기대어 음식을 먹고 있다.

대형마트에 가면 마시는 요구르트, 떠먹는 요구르트, 플레인 요구르트, 과일맛 요구르트를 비롯해 많은 종류의 요구르트가 있다. 우유는 상표로만 따지면 10여 종이 넘고, 아이스크림의 경우 셀 수조차 없다. 이렇게 많은 종류의 요구르트와 우유, 아이스크림 용기 안에 있는 모든 내용물은 90% 이상이 한 품종의 소에서 나온 우유로 만들어진다. 세상에서 젖을 가장 많이 생산하는 동물로 알려진 홀스타인이다. 국내에서 사육되고 있는 돼지들 대부분도 생산성이 좋은 품종, 새끼를 많이 낳고 빠르게 성장하는 교배종으로 통일되어 있다. 대부분이 요크셔와 랜드레이스의 교배종에 다시 고기 맛이 좋은 듀록을 교배한 3종의 혼합종이다.

전 세계적으로 갈수록 음식이 비슷해지고 덜 다양해지고 있다. 전 세계에서 먹는 식품 수가 몇 가지 작물로 대폭 줄면서 지역 고유의 작물이 드물어지거나 아예 사라졌다. 예전에는 먹는 음식이 다양했다. 그러나 지금은 엄청나게 드넓은 땅에서 대량생산되는 단일 작물과 콩, 팜유 등을 재배하는 데 자원과 에너지를 쏟아붓는다.

전 세계 농부들이 유전적으로 동일한 다수확 작물 재배로 이동하면서 지역의 고유한 품종은 줄어들거나 아예 사라졌다. 1960년대에 농업의 산업화가 일어나면서 이런 경향이 나타났다. 이는 녹색혁명과 함께 시작했고, 다수확 곡물을 집중 재배한 집약 농업은 농업을 완전히 바꿔 놓았다. 농부가 다양한 작물을 재배하면 현대적이지 않고 후진적이라고 보았다. 들판이 깔끔하게 정리되지 않거나 단일경작이 아니면 뒤처졌다. 산업화된 먹거리 체계는 영양이나 맛, 다양성이 아니라 효율과 수확량을 위해 설계되었다.

투자 전문가가 금융자산을 다각화하라고 하면서, 비유적으로 달걀을 한 바구니에 모두 담으면 깨질 위험이 크다고 지적

한다. 이렇듯 우리는 생존하기 위한 먹거리의 포트폴리오를
위험한 방법으로 구성하고 있다.

감자 기근과
파나마병

역사적으로 보면 1840년대 아일랜드의 감자 기근도 일정 정도는 농업 생물다양성의 감소에 기인한다. 당시 아일랜드 전체 인구의 70%를 차지하는 농민들은 자기 땅이 없는 소작농이거나 영세농이었다. 당시 소작농들은 값비싼 임대료를 내기 위해 밀과 옥수수처럼 돈이 되는 작물을 키웠다. 하지만 정작 자신들은 저렴하고 재배하기 쉬워도 보관하기 어려운 감자에 전적으로 의존했다.

1845년 여름, 주식량인 감자에 역병이 불어닥쳤다. 하룻밤 만에 감자 잎이 말라비틀어지더니 뿌리까지 썩어갔다. 감자 수확이 감자 잎마름병으로 급감하자 먹을 것이 사라져버렸다. 사람들은 굶어 죽거나 살던 곳에서 쫓겨나 거리나 벌판에서 목숨을 잃었다. 결국 감자를 주식으로 하던 아일랜드는 이 대기근으로 인해 6년 사이에 인구 800만 명이 600만 명으로 줄었다. 100만 명은 굶어 죽거나 병들어 죽었고, 100만 명은 낡은 배에 몸을 싣고 영국이나 미국으로 떠났다.

당시 아일랜드를 초토화했던 감자 잎마름병은 아일랜드에 서만 유행한 것이 아닌, 전 유럽의 문제였다. 특히 아일랜드 가 치명적인 타격을 입은 것은 당시 아일랜드가 다른 어떤 품 종보다 수확량이 높은 한 종의 감자만 재배했기 때문이다. 감 자 잎마름병이 퍼졌고, 동일한 유전자를 가지고 있던 모든 감 자는 살아남지 못했다.

내 어릴 적에 바나나는 이국적이고 무척 색다른 과일이었 다. 쉽게 접할 수 없으며 부드럽고 달콤한 맛을 지닌 이 열대 과일을 맛볼 수 있다는 것은 부러움의 대상이었다. 그러나 오 늘날 슈퍼마켓에서 가장 저렴하고 사시사철 구입할 수 있는 과일이 된 바나나에는 이국적인 면이 하나도 남아 있지 않다. 바나나는 열대 지역의 대규모 농장에서 대량생산되어 세계 어디서나 쉽게 만날 수 있는 식품이 되었다.

1950년대까지 서구에서 먹던 바나나는 지금과는 다른 종 이었다. '그로 미셸'이라는 품종의 바나나였는데, 이 품종의 맛이 지금 우리가 가공식품에서 맛보는 바나나 맛이다. 바나나우유의 바나나 맛이 그것이다. 그로 미셸은 19세기 이후 껍질이 단단해 장거리 수송에 적합하게 개발된 품종으로, 수출품으로 인기를 얻었다. 이 품종의 바나나는 대량 재배가 이루어지고, 미국의 다국적기업 유나이티드 프루트 컴퍼니(현재 치키타)가 전 세계 바나나 농장의 대부분을 장악했다.

1950년대 일명 '파나마병'이 급속히 확산하면서 바나나 생산에 엄청난 타격을 입었다. 그로 미셸은 씨가 없는 품종으로 뿌리줄기를 잘라 번식시킨다. 바나나는 모두 유전자가 똑같은 복제물인 셈이다. 유전적 다양성이 없는 생물은 치명적인 질병 하나 때문에 순식간에 멸종위기를 맞는다. 1890년대에 페루 파나마에서 처음 발견되어 파나마병이라 불리는 이 바나나병은 푸사리움 곰팡이의 포자가 바나나 나무의 뿌리부터 퍼져 나무의 잎사귀가 노랗게 변하고 결국에는 나무가 말라 죽는다. 이 병의 확산을 막기 위한 치료 방법을 찾을 수 없었다. 파나마병에 내성이 있는 대체 품종을 찾았는데, 그것이 '캐번디시'라는 바나나 품종이었다.

현재 세계 바나나 재배율의 95%를 차지하고 있는 캐번디시 품종은 그로 미셸보다 덜 달고 식감도 퍼석퍼석해 맛이나 질감 면에서 뛰어난 점이 없었으나 사람들이 생각하는 바나나와 똑같이 생겼다는 점이 한몫했다.

과학자들은 바나나가 1950년대의 전철을 밟을 수 있음을 경고한다. 그로 미셸처럼 영양번식하는 캐번디시 바나나도 유전자의 다양성을 확보하는 데 어려움이 있다. 꽃을 피워 수분을 하는 식물들은 그 과정에서 유전자가 뒤섞이고 감수분열이 일어날 때 변이가 생겨 새로운 종이 나타나기도 한다. 그러나 유전자 변화를 동반하지 않는 무성생식 방식으로 재배하는 바나나는 모체와 분리된 개체 사이의 유전자 차이가 거의 없어 모체의 취약성이 그대로 유전된다. 1950년대는 캐번디시 바나나가 이겨냈으나 현재는 그렇지 못하다. 새로운 파나마병의 출현에 속수무책으로 당하고 있다.

과학자들은 세계 곳곳에 있는 다양한 야생 바나나를 상품화하면 단일품종, 대량생산의 과오를 바로잡을 수 있다고 본다. 야생 바나나 중에는 여전히 씨를 가진 종류도 있다. 씨앗을 뿌려 키우면 꽃가루받이 과정에서 자연스럽게 유전자 돌연변이가 발생한다.

농업 생물다양성의 감소는 1970년대 미국 옥수수의 4분의 1을 휩쓴 옥수수 깨씨무늬병의 원인이기도 했다. 지금은 '농

업의 소아마비'로 알려진 밀녹병의 확산을 부추겨 아프리카
밀의 90%를 위협한다.

2021년 유엔 식량농업기구가 연 '농식품 체계의 생물다양
성 확보를 위한 2차 지역회의'에서 단일 작물 재배와 소수
품종에 대한 높은 의존도가 식량안보를 위협하는 가장 큰 요
인으로 꼽았다. 특정 지역, 특정 품종에 의존하는 식량 생산
체계의 위험성이 국제적인 관심사로 떠오르면서 생물다양성
확보의 중요성이 커지고 있다. 이것은 많은 양의 식량을 생산
하기 위해 다양한 종으로 이루어진 농업 생태계를 소수의 다
수확 품종으로 바꾼 결과다. 그나마 재배 중인 작물도 기후온
난화, 토양 황폐화 등으로 수확량이 줄어드는 사례가 나타나
고 있다.

농업 전문가들은 작물의 다양성 수준이 낮아지면 병해충
발생이 더 자주, 크게 일어날 수 있다고 우려한다. 식량자원
이 일부 작물이나 품종에 편중되어 의존도가 높아지면 병해
충 유행, 기후변화 등 충격에 대한 내성이 약해져 지속 가능
한 농업을 어렵게 하는 요인이 될 수 있다는 지적이다.

생물다양성의 가치는 특히 농업에서 분명하게 드러나는데,
육종가나 농부들은 오래전부터 생산력을 늘리기 위해 유전적

으로 뚜렷한 몇몇 품종을 교배해서 유전적 다양성을 늘리고, 변화하는 환경 조건에 적절히 반응하기 위해 유전적 다양성을 이용해왔다.

곤충의
종말

생물학자 레이첼 카슨은 1962년에 《침묵의 봄》을 펴냈다. 책 제목처럼 곤충들의 날갯짓과 새들의 지저귐으로 생기가 가득해야 할 봄이 침묵했다. 제2차 세계대전 이후 미국이 농작물에 살충제 DDT를 무분별하게 살포하면서 농경지에 서식하던 곤충들이 대거 몰살당하자 이들 곤충을 먹고 살던 새까지 대거 소멸했기 때문이다. 카슨의 경고 이후 반세기가 지난 지금 '곤충 종말'이라는 재앙은 전 세계에서 진행되고 있다.

2018년, 조류 및 조류 서식지 보호를 위한 국제기구인 버드라이프 인터내셔널이 발표한 바에 따르면 전 세계 조류종의 40%가 감소하고 있으며 13%는 직접적인 멸종위기에 처해 있다. 독일에서는 자연보호구역 내에서 27년간 연구를 진행했는데, 2022년에 결과를 발표했다. 발표에 따르면 날아다니는 곤충의 개체수가 76%까지 감소했으며, 유력한 원인으로 서식지 감소와 살충제 사용 및 기후변화를 언급했다.

꿀벌은 꿀을 제공하는 이상으로 중요한 일을 한다. 우리가 알지 못하는 사이에 인간이 먹는 식량자원의 80~90%를 벌이 수정한다. 아몬드의 100%, 사과의 90%는 꿀벌이 수분해야 열매를 맺어, 농가에서는 벌을 귀하게 모시고 있다. 4월 사과 꽃이 피는 시기에 사과 농가에서는 벌통을 빌려 농장에 가져다 둔다. 비닐하우스 안에서 딸기, 수박, 참외 등을 재배할 때도 벌통을 들인다. 그런데 최근 우리나라에서 꿀벌의 집단 폐사와 실종이 일어나고 있다. 당장 양봉 농가에 큰 타격을 주고 있는데, 원인을 두고도 논란이 많다. 외국에서도 이미 벌이 사라지기 시작했다고 우려한다. 2006년 미국에서는 최대 40%의 벌통이 붕괴된 적이 있다. 밖으로 나간 일벌이 집으로 돌아오지 않은 것이다.

곤충은 먹이사슬에 없어서는 안 될 일부이기도 하거니와 사실상 거의 모든 야생식물과 무수한 과일 및 다른 작물의 가루받이를 책임지는 핵심 매개체다. 곤충은 동물과 식물 물질을 분해하고 토양의 영양분을 재활용하는 등 자연의 생명주기에 필수적인 존재다. 곤충학자 에드워드 윌슨은 곤충 없이 인류가 버틸 수 있는 시간이 고작 몇 달뿐이라고 내다보았다.

자연은 복잡한 것 같아도 제멋대로 배치된 것이 아니라 상호 긴밀하게 연결된 유기적이고 기능적인 집합체다. 눈에 보이지 않는 미생물부터 인간에 이르기까지 서로 올바로 연결되고 상호성의 원리로 조화와 균형을 유지해왔다. 자연이란 인간을 포함하는 모든 생명체가 서로 연결되어 삶을 가능하게 하는 '생명 부양의 틀'이다. 구성원들의 원활한 물질순환 관계를 바탕으로 형성된 생명의 체계는 일찌감치 지구에 출현한 미생물에 의해 완성된 작품이다. 무분별한 자연 파괴와 잘못된 에너지 사용은 미생물에 의해 형성된 생명 체계, 즉 원활한 물질순환의 흐름을 방해함으로써 발생한다.

마크 비트먼은 《동물 채소 정크푸드》에서 이렇게 말한다.

"우리 몸도 수조 개의 미생물과 세포로 이루어진 복잡한 시스템이며, 서로 간에 그리고 세상과 전체적으로 상호작용할 때 가장 잘 작동한다. 그렇다. 인간은 특별하다. 우리가 이 주제에 관한 여러 연구로 알게 되었듯 다른 동물도 특별하다. 이들이 열등하다는 생각은 무지의 소산이며 이제는 받아들일 수 없는 것이다. 이들은 단순히 다른 것일 뿐이다. 우리는 독립적으로 존재하는 개체라기보다는 공기, 물, 나무, 우주, 생명 등의 일부에 더 가까운 존재이고 다른 생명체와 소통한다는 사실을 깨달을 때, 우리는 환경과 더 건강한 관계를 맺을 수 있다."

먹거리의 다양성 축소와
정체성 파괴

세계생물다양성연구소 수석과학자 스테파노 파둘로시는 농업 생물 품종의 소멸을 '유전자 침식'이라고 하면서 이렇게 말한다.

"과학적 관점에서는 품종이 적응력이나 맛, 산출량 같은 일련의 특성이 잘 조합된 것으로 정의되지만, 품종은 테루아르와 음식문화, 사람들의 정체성의 표현이기도 하다."

침식은 유전적인 것에서만 일어나는 것이 아니다. 침식은 하나의 품종이 자라나는 독특한 자연환경에서 오는 그 품종만의 개성, 음식문화의 다양성과 그 문화를 공유하고 향유하는 사람들의 정체성에서도 일어난다. 우리가 모두 같은 품종의 사과나 바나나를 먹을 때, 우리는 유전자 다양성만 잃는 것을 아니라 우리를 우리이게 하는 것도 잃고 있다.

김치는 우리 밥상에서 빠질 수 없다. 김치는 지역적 특색에 따라 종류와 담그는 방법이 다양하게 발전하고 전해져 왔다. 이들 김치 중에서 물자가 풍부하게 넘쳐난 개성 지역에서는 보쌈김치가 유명했다. 개성에서 '쌈김치'로도 불린 개성 보쌈김치는 소금에 절인 통배추에 낙지, 굴, 전복 등의 해산물과 밤, 대추, 잣 등 견과류, 미나리, 갓, 파, 마늘, 생강, 사과, 배, 대추, 은행 등 다양한 재료를 넣은 고급음식으로, 주로 잔치나 명절 등 특별한 날에 먹었다.

개성 보쌈김치는 오늘날 우리가 통배추김치를 담는 속이 꽉 찬 배추, 결구배추로 담지 않았다. 개성배추, 서울배추라고 부르는 잎이 길고 속이 절반 정도 찬 반결구배추로 담았다. 이 전통 배추로 담아야 다양한 재료의 양념을 넣고 싸는 보쌈김치가 제대로 만들어질 수 있다.

속이 꽉 찬 결구배추로 담근 통배추김치가 우리 식탁에 등장하기 시작한 것은 불과 100년 정도밖에 되지 않는다. 결구 배추는 중국 산동에서 건너온 것으로 19세기 말 우리나라에 건너온 화교들이 재배해 호배추라고 불렀다. 오늘날에는 호배추라고 불린 결구배추로 배추김치를 담지만, 1960년대까지 서울배추, 개성배추라는 반결구배추를 사용해 김치를 담그는 집이 많았다.

1920년대와 1930년대에 걸쳐 조선총독부는 조선배추에 비해 수확량이 훨씬 많은 호배추 재배를 적극 권장했다. 게다가 반결구배추인 조선배추는 추위에 약해 얼어버리는 반면에 결구배추인 호배추는 속잎이 꽉 차 얼더라도 겉잎을 떼어내면 먹을 수 있었다. 이런 장점에도 불구하고 호배추는 조선배추에 비해 감칠맛이 떨어지고 우거지도 많지 않아 그리 빨리 퍼져 나가지 못했다. 반결구형 배추는 조직이 단단하고 수분이 적고 저장성이 좋아 김장 김치용으로 많이 사용되었다. 해방 이후에도 호배추는 주목받지 못했다.

1970년대에 들어서면 결구배추인 호배추가 시장을 지배하기 시작한다. 화학비료와 농약만 있으면 호배추를 재배하기 수월했고 무게도 많이 나가 생산성도 좋았기 때문이다. 개량된 결구배추가 나오면서 조선배추는 거의 사라져버렸다. 개성 보쌈김치는 잎이 길고 조직이 단단한 비결구배추인 개성배추로 담아야 제대로인데 결구배추로 담을 수밖에 없었다.

전통음식이 '지위가 낮은' 음식으로 여겨져 더 현대적으로 보이는 가공식품으로 대체되는 것도 농업 생물다양성의 감소를 가져오는 또 하나의 요인이다. 농업 생물다양성이 사라지고 전 세계에서 우리가 선택할 수 있는 식사 폭이 좁아지면서 '햄버거 문화'로 바뀐다. 세계가 소수의 작물에 의존하면서 먹는 음식도 유사해지고 있다. 초국적인 가공식품을 현대적이고 멋있는 것으로 여기는 정서는 돌고 돌아 결국 우리가 재배하는 작물에 영향을 미친다.

고기에 대한
욕망

치맥에 대한 한국인의 애정은 대단하다. 평소에도 즐기지만, 국가대표 운동경기가 있는 날이면 치맥의 인기는 하늘을 찌른다. 치맥은 한국을 방문한 외국인들이 꼭 경험해보고 싶은 음식문화 체험이란다. '치느님'은 '치킨'과 '하느님'을 결합한 말로, 그야말로 치킨을 칭송하고 찬양하기 위한 신조어다. 한국인치고 '치느님'을 영접해보지 않은 사람이 있을까. 바삭한 튀김과 부드러운 속살이 어쩜 이리도 조화로운지 절로 찬양하지 않을 수 없다. 게다가 한국에서 탄생시킨 다양한 맛의 양념치킨이 닭고기 요리의 새로운 지평을 열었다고 자찬한다.

한국이 치킨공화국이라는 점은 객관적인 수치에서도 드러

난다. 농림축산식품부에 따르면 2021년 닭 10억3,564만 마리가 식용으로 도축되었다. 하루꼴로 닭 283만7천 마리가 도축된 셈이다. 이를 국내 총가구 수인 2,073만으로 나누면 산술적으로 가구당 일 년에 50마리를 소비하고 있다. 배달문화의 급성장과 더불어 닭고기는 한국인의 배달 육류 1위이자 창업 1순위 육류가 되었다. 몇 년 전 한국농수산식품유통공사가 발표한 배달음식 선호 1위 메뉴가 치킨이다.

치킨에 대한 애정보다 더 깊은 것이 삼겹살에 대한 사랑이다. 실제로 한국인이 가장 많이 먹는 고기 1위는 돼지고기다. 최근 1인당 육류별 소비량을 보면 돼지고기 소비량이 소고기의 2배이고 전체 육류 소비량의 50% 이상을 차지한다.

회식 자리의 최고 인기 메뉴는 돼지고기구이다. 길거리에서 눈에 띄는 음식점 가운데 절반이 돼지고기구이집이라고 해도 허언은 아니다. 돼지고기 소비 유형을 보더라도 불고기와 수육으로 먹는 방식을 월등하게 넘어 절반 이상이 구이로 소비된다.

돼지고기 중 가장 사랑받는 부위는 '삼겹살'이다. 1980년 휴대용 가스레인지인 브루스타가 보급되면서 삼겹살은 날개를 달았다. 주말마다 온 나라 계곡과 들에서 피어나는 삼겹살

연기는 전쟁터의 포연처럼 보이기도 했다. 1인당 연평균 삼겹살 소비량은 7.2kg이니 전 국민이 한 달에 1근인 600g씩 먹는 셈이다. 한국인의 60%는 평균 주 1회 삼겹살을 먹는다. 한국을 삼겹살공화국으로 부를 만하다. 사회학 전공 교수 김철규가 분석하듯이 삼겹살 회식은 기업이 강조하던 조직 공동체 이데올로기를 강화하고, 비교적 싼 값에 고기에 대한 욕망을 충족했으며, 회식이 이루어지는 삼겹살집은 격동기 사회 구성원들의 사랑방 역할을 했다.

1990년대 중반에 들어서야 삼겹살이 국어사전에 등재되었으니, 100여 년 전부터 '세겹살'이라는 이름으로 통용된 삼겹살의 공식 역사는 그다지 길지 않은 셈이다. 최근에는 냉동 삼겹살 레트로 열풍이 불고 있다. 아예 초창기 그대로 냉동 삼겹살을 고집하는 식당도 있다. 1990년대 후반 유행했던 대패삼겹살도 2030세대를 중심으로 다시 인기를 얻고 있다.

2021년에는 영국 옥스퍼드사전에 'samgyeopsal'이라는 단어가 등재되었다. 여기에서는 삼겹살이 돼지고기 부위를 가리키는 말이 아니라, '얇게 썬 돼지 뱃살을 보통 테이블 위 불판에서 익혀 먹도록 생고기로 나오는 한국 요리'로 정의한다. 삼겹살을 삼겹살구이라는 음식 메뉴로 말하고 있는데,

흔히 "삼겹살 먹으러 가자."고 말하는 한국 음식문화의 맥락을 반영해서 정의한 것으로 보인다.

이처럼 돼지고기를 좋아하는데, 우리는 중국 고대와 중세의 의서를 좇아 19세기 초까지 돼지고기를 꺼렸다. 19세기 초에 쓰인 《임원십육지》에서는 중국 당나라 의서 《천금식치》를 인용해 "돼지고기를 오랫동안 먹으면 정충이 감소하며 병을 앓고 온몸의 근육이 아프며 기력이 없어진다."고 했다. 당나라 의서 《식료본초》를 인용해 "돼지고기를 오래도록 먹으면 약효가 받지 않고 풍을 통하게 해서 열병, 학질, 이질, 고질병, 치질 등의 질병을 가져온다."고 했다. 19세기 초에 나온 《규합총서》에서도 "돼지고기는 본디 힘줄이 없으니 몹시 차고 풍을 일으키며 회충을 생기게 하고, 풍이 있는 사람과 어린아이는 많이 먹으면 해롭다."고 했다.

돼지고기에 대한 기피는 소고기의 선호로 나타났다. 농경 사회에서 소는 없어서는 안 될 가축이었다. 그 때문에 조선시대에 도우금지령이 자주 내려졌음에도 소의 도살을 막을 수는 없었다. 실학자 박제가는 《북학의》에서 "중국 사람은 돼지고기나 양고기를 먹고 건강하며 소 도살이 금지되어 있으나, 우리나라에서는 돼지고기나 양고기는 병이 날까 봐 염려

스럽다고 하면서 꺼리고 소고기만 먹는다. 소의 번식력이 돼지나 양만 못한데 자꾸만 도살해버리니 농경에 커다란 지장을 준다.”며 소고기에 대한 지나친 선호 성향을 경계했다. 농경사회에서 소는 가장 중요한 노동력이었기에 함부로 도축할 수 없었다. 조선시대에도 소 도축을 금하는 우금령을 자주 내렸으나 사대부들은 버젓이 법을 여기고 소고기를 즐길 정도였다.

"쌀밥에 고깃국 먹고 싶다."

먹거리가 풍족하지 않던 시절에 자란 이들에게는 가장 먹고 싶고 궁핍한 밥상에서 꿈꾸던 음식의 조합은 '쌀밥에 고깃국'이었다. 여기에서 고깃국은 소고기국이었다. 고기 중에 가장 선호도가 높은 고기는 소고기다. 비싼 가격 때문에 접근하기 어려워서 그렇지 회식 메뉴를 선택하라고 하면 단연코 소고기구이일 것이다. 옛부터 소가 귀해 모든 부위를 갖가지 방법으로 요리해서 먹었다. 살코기는 물론이고 뼈와 피조차 버리지 않고 탕으로 끓이고, 위와 간, 창자 등 내장도 지져 먹고 데쳐 먹었고 순대도 만들었다. 콜라겐이 많은 부위로는 족편과 같은 편육을 만들어 즐겼다. 심지어 소가죽과 근육 사이의 피하조직인 수구레로 국밥이나 무침을 만들기도 했다.

문화인류학자 마거릿 미드는 소고기를 부위별로 세분해 먹는 민족으로 동아프리카 보디족에 이어 한국인을 꼽았다. 육식이 주식인 영국과 미국은 35개 부위, 보디족은 51개 부위를 먹는 데 비해 한국인은 120여 개 부위로 나눠 먹는다고 했다. 육식 위주의 여느 국가들보다 훨씬 더 세분화해서 먹었다는 점은 소고기가 귀했고, 따라서 소의 모든 부위를 다 먹어왔기에 부위별로 세분화해서 명칭이 발달했다고 추정된다. 귀했기에 소고기의 부위별 근육 강도와 지방에 따른 미묘한 맛을 최대한 즐기려 했을지도 모른다.

집중식
가축사육

한국농촌경제연구원은 〈농업전망 2023〉 보고서에서 돼지고기, 소고기, 닭고기 등 3대 육류의 1인당 소비량이 2022년 58.4kg으로 추정된다고 밝혔다. 이는 2021년 56.1kg보다 2.3kg이 늘어난 것이다. 2002년 33.5kg과 비교하면 20년 동안 74%가 늘어났다. 연평균 2.8%씩 증가한 꼴이다. 현재 우리나라 인구가 약 5,170만 명이니 1인당 58kg씩 소비한다고 보면, 일 년에 전체적으로 30억 톤의 돼지고기, 소고기, 닭고기를 소비한다. 오리고기, 양고기 등 소비량이 적은 고기를 포함하면 육류 소비량은 더욱 늘어난다.

엄청난 육류 소비를 받치고 있는 것은 집중식 가축사육 방식, 즉 '공장식 축산'이다. 사전의 정의에 따르면 공장식 축산은 "최소 비용으로 축산물의 생산량을 최대화하기 위해 동물을 한정된 공간에서 대규모 밀집 사육하는 축산의 형태"를 말한다.

집중식 가축사육은 제2차 세계대전 이후 미국에서 체계화되기 시작했다. 이는 미국의 낮은 곡물 가격에서 출발했다. 먹이로 옥수수와 콩을 중심으로 하는 곡물 사료를 사용해, 공장식 축산은 산업형 곡물 생산과 결합의 산물이었다.

공장식 축산은 양계업계에 적용되었다. 규제가 느슨한 미국 아이오와를 비롯한 몇몇 주에 동물로 가득 찬 둥굴 같은 시설에서 닭을 사육하기 시작했다. 닭과 달걀 생산에서 효율화가 성공하자 돼지와 소 사육에도 적용되었다. 닭에게 했던 것처럼 돼지와 소도 집중식 사육 시설에 넣고 콩과 옥수수 등 곡물로 만든 정형화된 사료로 가능한 한 짧은 시간에 최대한 살을 찌웠다. 집중식 사육의 이런 식의 잔인한 '효율성'에서 생길 수 있는 문제는 예방용 항생제를 일상적으로 투여하면서 해결했다. 육류 소비가 확대되면서 '육류-곡물 복합체'를 기반으로 하는 공장식 축산은 세계적으로 퍼졌다. 값싼 곡물 사료는 주로 산업형 농업이 발달한 미국 등 몇몇 국가에서 수입할 수밖에 없다. 따라서 곡물 가격의 등락은 사료 가격에도 큰 영향을 주었다.

오늘날 전 세계 식탁에 오른 가축 중 3분의 2가 공장식 사육 방식으로 키워진다. 이런 집중 사육 방식은 여러 문제를 낳고 있다. 공장식 축산은 공기와 수질을 오염시키고, 토양을 악화시키며, 기후변화를 야기하고, 생물학적 다양성을 파괴한다. 더 많은 고기를 얻기 위해 토지이용과 식량 배분 문제에 심대한 영향을 미치기도 한다.

먼저, 온실가스 배출로 인한 기후변화에 미치는 악영향을 살펴보자. 2006년 유엔 농업식량기구가 발간한 보고서 〈축산업의 긴 그림자〉에 따르면 연간 온실가스 배출량 중 18%가 축산업에서 발생하며, 축산업은 전 세계 모든 교통수단이 발생시킨 온실가스보다 배출량이 더 많다. 유엔기후변화협약에서는 지구상의 소가 하나의 나라라고 치면 이 나라가 중국과 미국에 이어 온실가스 배출 3위를 차지한다고 밝혔다.

'지속 가능한 시스템을 위한 센터'가 발표한 〈탄소발자국 자료표〉에 따르면 음식 1인분에 따른 이산화탄소 배출량은 소고기가 3kg, 치즈 1.11kg, 돼지고기 0.78kg이었으며, 쌀은 0.07kg, 당근과 감자는 각각 0.03~0.01kg이다. 가축들의 트림이나 배설물 등에서 나오는 메탄가스와 이산화질소량도 온실가스에 엄청난 영향을 미치고 있다.

가축을 기르고 사료를 재배하기 위해 나무를 잘라내는 것도 문제다. 아마존 벌목의 70~80%가 목초와 방목에 필요한 땅을 얻기 위해서라는 주장도 있다. 지구의 산소 20%를 생산해 자구의 허파라고 불리는 아마존 열대우림의 파괴는 긴 가뭄과 고온 현상을 유발한다.

산업화한 가축 사료가 식량 위기를 심화시키고 있다는 점도 무시할 수 없다. 현재 전 세계 곡물 수확량의 3분의 1이 동물 먹이로 쓰인다. 인간이 소비한다면 지금보다 10배는 더 많은 사람이 먹을 수 있는 양이다. 결국 식량 부족 문제는 생산량이 모자라서가 아니라 비효율적인 사용에 있다. 닭은 살아있을 때 무게 1kg을 불리기 위해 2kg의 곡물을 먹어치운다. 고기 1kg당 돼지는 3~4kg, 소는 7~9kg의 곡물을 해치운다. 게다가 소고기 1kg을 생산하려면 물 1만6천 리터가 필요하다.

집중식 사육은 구제역, 조류인플루엔자(AI) 등 가축 전염병의 주원인으로도 지목된다. 극단적으로 많은 수의 동물을 밀집 사육하는 공장식 축산 환경에서 전염병은 무섭게 번질 수밖에 없었다. 농가당 수천 마리, 한 동네에서 수십만에 이르는 동물이 집단 학살되었다. 우리나라도 2010년에 구제역으로 약 354만 마리의 소와 돼지를 땅에 묻어야 했고, 2016년 12월 초에는 AI가 발생하면서 다음해 초까지 무려 3,800만 마리가 넘는 숫자의 가금류를 살처분했다. 당시 처음으로 AI 확진 판정이 나온 한 양계 농가에서는 무려 70만3천 마리의 산란계를 키우고 있었다. 구제역과 조류인플루엔자는 거의 매년 발생하고, 질병 확산 방지라는 명목으로 반생명주의적이고 반생태적인 살처분이 반복되고 있다.

이윤 극대화와 효율성을 강조하는 공장형 축산은 인간에게 치명적인 위험인 광우병을 초래했다. 1986년 영국에서 처음 보고된 광우병은 사람과 가축이 걸릴 수 있는 인축공통전염병으로, 광우병에 걸린 소고기를 먹고 걸린다. 사람이 광우병에 걸리면 뇌가 스펀지처럼 구멍이 나 인지기능이 마비되고 식물인간 상태에서 죽는 신경 퇴행성 질환이다. 1995년 영국에서 인간광우병 첫 사망자가 발생하고도 영국은 다음해에야 30개월 이상의 소 440만 마리를 살처분했다. 2006년까지 영국인 163명이 사망했다. 잠복 기간이 10~20년 이상으로 확인되어 여전히 발병 우려가 있다.

광우병은 생산비 절감을 위해 도축 소의 폐기물을 이용한 동물성 사료를 소에게 다시 먹여 발생한 것으로 알려져 있다.
초식동물에게 동물성 사료를, 그것도 동종으로 만든 사료를
먹였다는 것은 공장식 축산의 폐해를 극단적으로 드러낸다.
동물을 단지 인간을 위해 고기를 생산하는 대상으로만 보기
때문이다.

우리나라에서 소고기 등급은 육질등급과 육량등급으로 구분
해 판정한다. 육질등급은 고기의 질을 근내지방도, 육색, 지
방색, 조직감, 성숙도에 따라 1++, 1+, 1, 2, 3 등급으로 판
정하고, 육량등급은 도체에서 얻을 수 있는 고기량을 도체중
량, 등지방두께, 등심단면적을 종합해 A, B, C 등급으로 판
정한다. 소고기의 육질과 가격에 결정적인 영향을 주는 것은
근내지방도 마블링이 절대적이다. 고기 사이에 든 하얀 지방
이 많을수록 근육 주위에 축적된 질긴 결합 조직의 강도를 약
화시키고, 가열 시 결합조직을 쉽게 파괴해 더 부드러워진
다. 근내지방은 열전도율이 낮아 마블링이 좋은 고기는 가열
시 육단백질의 변성에 의해 추출되는 수분의 양과 증발을 억

제시켜 육즙을 풍부하게 하고 풍미를 더해준다. 그래서 구이용 고기는 눈꽃이 내린 것처럼 지방이 고루 퍼져 있어야지 최고라는 인식이 강하다.

마블링을 중시하는 현행 소고기 등급제는 지난 1993년 소고기 수입 개방에 대비하고 축산업의 경쟁력을 높이기 위해 시행했다. 등급제를 만들면서 마블링을 중심으로 판정하는 미국과 일본의 사례를 참고한 것이 현행 등급제를 낳는다. 이 등급제를 통해 한우고기가 수입 소고기보다 경쟁력을 갖게 되었다고 평가한다.

그러나 이렇게 정착한 마블링 중심의 현행 등급제는 한우맛을 '기름 맛'으로 만든다는 비판을 피할 수 없다. 마블링이 잘 된 소고기가 주는 식감과 풍미를 무시할 수 없다. 그러나 등급이 낮은 저지방 구이용 소고기가 주는 식감과 풍미도 무시할 수 없다. 저지방 구이용 소고기는 씹는 맛이 있고 씹을수록 구수한 맛을 낸다. 부드러운 식감에 풍부한 육즙을 즐길 수 있는 마블링 좋은 소고기는 입안 전체를 기름지게 해서 다른 맛을 느끼지 못하게 할 수도 있다. 무엇보다 현행 등급제는 등급이 낮은 고기는 질이 낮을 것이라는 인식을 심어준다. 무조건 비싼 소고기가 맛있고 가격이 낮은 소고기는 맛이 없다는 생각은 다양한 풍미를 즐길 기회를 놓치게 한다.

소를 살찌우고 마블링을 높이기 위해 풀이 아닌 옥수수와 대두박을 주원료로 하는 곡물 배합 사료를 먹인다. 곡물 배합 사료는 풀보다 비쌀 뿐만 아니라 사료 원료 대부분을 수입에 의존한다. 국제 곡물 가격이 오르면 한우 가격 역시 오를 수밖에 없다. 생산성 문제뿐만 아니라 곡물 사육은 소고기의 영양적 가치를 손상할 수 있다.

오래전부터 초원에서 길러 나온 소고기는 미네랄과 비타민, 복합 오메가3 지방산이 풍부한 육류다. 소는 풀을 먹는 반추동물로, 인간이 먹을 수 없는 섬유소를 영양이 풍부한 소고기와 우유로 바꿔준다. 그러나 요즘 소는 대부분 풀이 아닌 곡식을 먹고 자라, 곡물을 먹은 소는 영구적인 소화불량에 시달리고 혈류로 독소를 내보내는데, 이를 누그러뜨리려 항생제를 사용한다. 결국 소는 오메가3보다 오메가6 지방산이 많은 근육을 만들어낸다.

오늘날 우리 식단에서 오메가3 지방산이 급격하게 사라지고 있다. 녹색 채소와 등푸른생선에 많이 함유된 오메가3는 뇌 기능과 시력, 항염증 작용에 중요한 불포화지방산이다. 오메가6 불포화지방산 역시 우리 몸에서 상호 보완적인 역할을 하는 데 필요한 성분이지만, 산업화된 식단을 통해 이미 과다하게 섭취하고 있다.

이 두 지방산은 몸에 흡수되기 위해 경합을 벌이기 때문에 오메가6 지방산이 과다하면 오메가3 지방산은 더욱 결핍되어 몸에 해가 된다. 염증이나 혈전을 유발할 수 있다. 오메가6 지방산을 과다 섭취하면 각종 질병을 유발한다는 해외 연구 결과도 많다. 따라서 오메가6 지방산을 섭취할 때는 오메가3와의 적정 비율을 유지해야 하는데, 1 대 4 정도 비율이 좋다. 미국 건강영양센터에 따르면 현대인은 오메가3와 오메가6 지방산 섭취 비율이 1 대 10~25 정도로 오메가6를 과다하게 먹고 있다.

식물성 기름 대부분이 오메가6 지방산을 다량 함유하고 있다. 옥수수유의 오메가3와 오메가6 비율은 1 대 58, 해바라기유는 0 대 365다. 프라이드치킨 등 튀긴 음식 섭취가 늘고 옥수수유나 해바라기유 같은 상대적으로 가격이 저렴한 식물성지방을 함유한 초가공식품의 섭취가 증가하고 있는데, 오메가6 지방산이 많은 마블링 좋은 소고기에만 열광할 이유가 있을까.

———— 풍요롭다고 말할 때

풍요 속의
굶주림

기아에 배가 볼록하게 나온 아이의 사진을 본 적 있을 것이다. 사진 속의 아이는 심각한 단백질 결핍에서 생기는 콰시오커라는 소아영양실조증을 앓고 있다. 뼈가 그대로 드러난 아이의 사진에 흠칫 놀라 고개를 돌린 적도 있다. 이 아이는 단백질뿐만 아니라 모든 영양이 결핍되어 발생하는 마라스무스 증상을 보이고 있다.

오래전 TV 다큐멘터리에서 흙으로 만든 쿠키를 만들어 먹는 영상을 보고 충격에 빠졌다. 서인도제도의 섬나라 아이티에서는 2010년 대지진 이후 심각한 식량 부족 때문에 진흙쿠키를 먹을 수밖에 없는 이들이 많았다. 이 쿠키의 제조 방법은 매우 간단하다. 진흙을 체에 넣고 흔들어 고운 입자만 걸러낸 것을 물에 개어 소금, 버터, 마가린, 밀가루 등을 첨가하고 모양을 빚어 햇빛에 말려 만든다. 그마저 첨가물도 넣지 못하는 때가 많고, 이조차 돈이 없으면 사 먹을 수 없다. 더구나 흙을 말려 만들기에 동물 배설물을 비롯해 이물질이 함유되어 있고 병원성 세균과 기생충이 죽지 않아 이 쿠키를 먹은 아이들이 복통과 설사에 시달리지만, 먹을 것이 없는 기아에 허덕이는 상황에서는 이것밖에 먹을 수 없다.

2022년 유엔이 발간한 〈세계 식량안보 및 영양실태 보고서〉에 따르면 2021년 기아와 영양결핍으로 고통받는 이들이 세계 인구의 10%에 가까운 8억2천만 명이다. 이는 2020년 이후 4,600만 명, 2019년 이후 1억5천만 명 가까이 증가한 수치다. 유엔은 일 년 중 특정 시기에 식량이 바닥나 굶주림을 경험하고 하루 이상 굶어야 하는 심각한 식량 불안에 처한 인구, 금전적으로나 다른 자원 부족으로 일 년 중 때때로 식품 소비를 줄여야 하는 처지에 놓여 있는 인구가 2021년 세계 인구의 29.3%에 달하는 23억 명이었다고 밝혔다. 이는 코로나19 대유행 이전보다 3억5천만 명 증가한 것이다. 4,500만 명의 5살 미만 어린이가 영양실조에 시달리고 있는 것으로 추정되며, 이는 어린이의 사망 위험을 12배나

높인다. 1억4,900만 명의 5살 미만 어린이들이 만성적 영양 결핍 상황에 처해 있기도 하다.

보고서는 향후 경제 회복을 고려 사항에 넣더라도 2030년 에도 여전히 세계 인구의 8%에 해당하는 6억7천만 명이 굶 주림에 직면할 것으로 예상했다.

20세기까지만 해도 기근은 전 세계에서 인간 존재를 위협 하는 보편적인 현상이었다. 흉년에는 모든 사람들이 굶주렸 고, 부유층을 제외한 모두가 음식을 충분하게 먹지 못했다. 심지어 영국이나 프랑스처럼 부유한 국가에서도 평범한 사람 들은 매일 굶주린 채 잠들어야 한다는 불안을 안고 살았다. 우리나라도 예외일 수 없었다. 곡물과 빵 같은 기본 식품 구 입에 소득의 절반 가까이 써야 했다. 유엔 식량농업기구에 따 르면 1947년에 전 세계 인구의 절반이 만성적인 굶주림에 시 달렸다.

오늘날 많은 사람들이 이전 세대가 상상도 하지 못했을 싱 싱하고 다양한 음식을 일 년 내내 거의 무제한으로 즉시 손에 넣을 수 있다. 집에 가는 길에 장을 보려 마트에 들어서면 온 갖 먹거리가 넘쳐나고, 여기저기 시식을 권하는 판촉행사의 식욕을 돋우는 음식 냄새에 발걸음을 멈추기도 한다. 장바구니를 들고 집으로 가는 길에도 치킨가게, 피자가게, 고기구이집, 횟집이 도열해 있다. 역사상 오늘날처럼 먹거리가 넘쳐난 적은 없었다. 그럼에도 많은 이들이 심각한 기근에 따른 영양실조로 고통받는 아이의 사진이 눈엣가시처럼 각인되는 경험을 하고 있다.

유엔은 1966년에 통과된 경제적 · 사회적 · 문화적 권리에 대한 국제조약 11조에서 모든 사람은 건강하고 적절한 수준의 삶을 영위하기 위해 언제 어디서든 안전해야 하며 먹거리를 공급받을 기본 권리를 갖고 있다고 천명했다. 오늘날 이 기본 권리는 지켜지지 않고 있다. 세계는 가난과 기아를 해결하려는 활동에서 점점 멀어지고 있다. 개발도상국 아동의 3분의 1은 여전히 저체중으로 태어난다. 5초마다 10세 이하의 어린이 1명이 기아와 영양실조로 죽어가고 있다.

2022년 말 기준으로 세계 인구는 80억 명에 가깝다. 오래전 1984년 유엔농업기구의 평가에 따르면 당시 농업생산력을 기준으로 계산해 지구는 120억 인구를 거뜬히 먹여 살릴 수 있다고 했다. 유엔 식량농업기구에 따르면 현재 전 세계 농부들이 한 사람당 하루 2,800㎉씩 섭취할 수 있는 식량을 제공하고 있다. 이처럼 세계의 모든 사람들이 충분히 먹거리를 공급받을 수 있는데도 불구하고 만성 기근을 겪는 인구가 8억 명에 이른다니 아이러니하다.

경제적 기아와
구조적 기아

유엔 식량농업기구는 기아를 '경제적 기아'와 '구조적 기아'
로 구분한다.

'경제적 기아'는 돌발적이고 급격한 경제적 위기로 발생하
는 기아를 말한다. 예를 들어 대홍수나 태풍이 마을을 덮쳐
가옥과 도로, 경작지, 저수지를 파괴하거나 전쟁으로 인해
도시의 모든 시설이 파괴되어 기능할 수 없으면 식량이 갑작
스럽게 고갈되어 수많은 이들이 동시에 아사 위기에 처한다.

특히 기후변화로 인해 일어나는 식량 위기 상황이 광범위
하고 심각하다. 홍수, 가뭄, 산불, 병충해로 인해 농경지가
줄어들고, 농산물의 품질은 떨어지며, 생산량이 감소하고 있
다. 최근 동아프리카는 40년 만에 가장 건조한 기후로 최악

의 기근을 겪고 있다. 오랜 기간 가뭄이 계속되면서 농작물과 가축은 말라 죽고 사람이 마실 물도 부족한 상황이다. 특히 케냐, 에티오피아, 소말리아, 남수단에서는 2,100만 명 이상이 극심한 수준의 식량 불안을 겪고 있다. 게다가 70년 만에 사막메뚜기 떼까지 출현하면서 농경지가 초토화되었다. 하루 만에 3만5천 명분의 작물을 먹어치우는 사막메뚜기 떼가 케냐까지 온 것은 기후변화 때문이다. 인도양의 수온이 올라 생긴 사이클론이 아라비아반도에 사막호수를 만들어 사막메뚜기를 키웠고, 이례적으로 여덟 차례나 발생한 사이클론이 사막메뚜기를 케냐까지 날아오게 한 것이다.

선진국도 예외는 아니다. 미국 캘리포니아주를 비롯한 남서부 지역이 2000년대 들어 서기 800년 이후 최악의 가뭄을 겪고 있다. 실제로 2022년 캘리포니아주를 비롯한 미국 서남부 지역은 22년째 지속되는 가뭄으로 농사를 포기하는 농가가 속출하고 있고, 캘리포니아 등 일부 주에서는 농업용수 배급제까지 시행하고 있다.

'구조적 기아'는 장기간에 걸쳐 식량 공급이 제대로 이루어지지 않는 경우를 말한다. 한 국가의 경제발전이 더딘 데 따른 전반적인 생산력 저조, 관개시설이나 도로와 같은 인프라 부족, 극도의 빈곤 등 사회구조적 원인으로 인해 발생한다. 이런 경우에는 비타민 결핍이나 단백질 부족에 따른 만성 영양실조로 인해 여러 질병을 앓으면서 서서히 죽는다.

기아의 주된 원인은 빈곤이다. 이것은 구조적 기아의 원인이다. 2015년 세계은행 통계에 따르면 하루 1.9달러 이하의 돈으로 살아가는 극빈 인구가 7억3,600만 명으로 세계 인구의 10%에 이른다. 이 수치는 2013년의 세계 극빈 인구 비율인 11%보다 1%p 낮아진 것이다. 세계 극빈 인구는 1990년 인구의 36%인 19억 명에 달했다가 2015년까지 25년간 10억 명 넘게 감소했다. 세계 극빈 인구의 통계수치는 2015년 전 세계 7억8,540만 명이 만성적인 영양실조를 겪고 있다는 유엔 식량농업기구의 통계와 비교된다. 거의 유사한 통계수치가 기아 및 빈곤과 밀접한 상관관계를 보여주고 있다.

'빈곤이 기아의 주된 원인'이라는 말은 맞아도 충분한 설명은 아니다. 빈곤과 굶주림은 세계 경제와 정치 시스템에서 기인한다. 기본적으로 자원에 대한 지배권은 군사력, 정치력, 경제력에 따라 결정된다. 경제적 이익과 자원은 잘사는 소수에게 돌아가고 극빈층은 힘겹게 살아가고 있다.

영화 〈모가디슈〉로 잘 알려진 소말리아의 경우를 보면 기아 발생의 원인이 간단하지 않다. 내전으로 인해 경제적 기아와 구조적 기아가 뒤얽혀 있다. 장기간에 걸친 내전으로 식량 생산 기반인 농지가 황폐화되고, 농민들은 죽음의 공포를 피해 마을을 떠나 난민이 되고, 도로나 항만 등의 사회기반시설이 파괴되어 식량의 보급과 유통마저 어려워졌다. 결국 불안한 사회 정치적 상황에서 경제 상황은 극도로 악화되고 다수가 절대적 빈곤 상태에 빠지는 연쇄적이고 복합적인 문제들로 인해 식량과 식수가 부족하고 결국 영양실조로 죽음에 이르렀다. 〈모가디슈〉의 시대적 배경이 되는 1991년에 이르면 소말리아내전이 격해지면서 전국적으로 기근이 확산되어 수십만 명이 목숨을 잃었다.

1992년 드디어 유엔이 개입해 소말리아유엔활동이라는 이름으로 평화 유지와 대규모 구호 활동을 시작했다. 하지만 국제사회의 구조 활동은 여의치 않았다. 소말리아의 크고 작은 군벌들은 구호물자를 실은 선박과 화물차를 약탈하는가 하면 국제구호단체 대표자를 인질로 잡고 몸값을 요구하기도 했다. 군벌들의 도발에 의해 유엔평화유지군 수십 명이 목숨을 잃기도 했다.

2006년부터 아일랜드 국제인도주의단체 컨선월드와이드

와 세계기아원조는 국제협력을 이끌어 세계 기아를 종식하기 위해 세계기아지수를 발표해왔다. 2021년 세계기아지수에 따르면 소말리아는 조사 대상 135개국 중 기아 위험 1위로, 가장 심각한 단계인 '극히 위험' 국가로 분류되었다. 이어 예멘, 중앙아프리카공화국, 차드, 콩고민주공화국, 마다가스카르가 기아 상황이 '위험'한 국가로 선정되었다. 기아 위험 상위 10개국 가운데 8개국이 분쟁 상황이다. 결국 기아의 주된 원인으로 '분쟁'이 꼽혔다.

세계기아지수에서 기아 위험 국가 2위로 선정된 예멘은 8년 가까이 전쟁 중이다. 예멘전쟁은 이슬람 수니파 종주국 사우디아라비아가 이슬람 시아파 반군인 후티를 격파하겠다며 일으킨 전쟁이다. 사우디아라비아의 폭격으로 예멘 국토의 상당수가 초토화되면서 정상적인 경제활동이 이루어지지 못하고 있다. 치열한 국지전으로 예멘 최대 수출입 항구인 호데이다항이 파괴되어 예멘은 고립 상황에 빠졌다.

예멘의 기아는 심각한 상황으로 치달았다. 특히 어린이들의 피해가 특히 크다. 최소 300만 명의 아동들이 심각한 영양실조에 빠져 있다. 전체 1,200만 명의 아동들 중 80%가 인도적인 기초 물자 부족으로 하루하루 고통을 겪고 있다. 국제사회가 뒤늦게 예멘 기아의 심각성을 인지하고 인도적인 지원에 나섰지만 이는 일시적인 처방에 불과하다. 예멘전쟁이 끝나지 않고는 기아 상황도 끝나지 못한다. 예멘에 구호단체와 구호물자가 들어갈 수도 없고, 항구는 여전히 격전지다. 이 상황에 식량이 예멘으로 간다 해도 군량미로 쓰일 위험도 크다.

분쟁, 기후 위기, 자원 배분과 무역 왜곡, 최근에는 엎친 데 덮친 격으로 코로나19 팬데믹이 수백만 명을 식품 가격 상승의 영향에 노출시켜 각종 위기에 취약해졌다. 세계적인 곡물 수급 여건이 양호한데도 코로나19로 불안한 심리가 조성되자 세계 각국은 전염병 차단을 위해 국경을 봉쇄하고 물류와 인력 이동을 제한했다. 이런 조치는 수출 선적의 지연, 물류 지연 등 물류 경색이 일어나면서 식량, 비료, 연료의 세계 공급망과 가격에 연쇄적으로 영향을 미쳐 식량 위기를 발생시켰다. 여기에 러시아-우크라이나 전쟁은 식량 위기를 더욱 악화시키고 있다.

풍요 속의 영양결핍,
비만

역사학자 유발 하라리는 《호모 데우스》에서 "21세기를 살아가는 사람들은 가뭄, 에볼라, 알카에다의 공격으로 죽기보다 맥도날드에서 폭식으로 죽을 확률이 훨씬 높다."고 경고했다. 세계보건기구(WHO)에 의하면 1975년 이래 전 세계 비만 인구는 거의 3배가 증가했다. 소아와 청소년의 경우 더욱 심각해서 비만 인구가 40년 전보다 약 10배 증가한 것으로 알려졌다. 2006년 처음으로 전 세계의 과체중 인구가 영양부족에 시달리는 인구를 앞질렀다.

2022년에도 8억 명이 먹을 것을 충분히 구하지 못했지만, 과체중이거나 비만인 사람은 10억 명이 넘었다. 2035년에는 19억 명을 넘어설 곳이라고 전망한다. 우리나라도 예외는 아니다. 최근 보건복지부가 발표한 자료에 따르면 만 19세 이상 인구의 일반 비만율이 약 38%에 이르러 성인 3명당 1명 이상이 비만이다. 참고로 우리나라에서는 키와 몸무게의 비를 의미하는 체질량지수 25 이상을 비만으로 규정하고 있지만, 국제적으로는 체질량지수 30을 초과할 때 비만으로 분류한다. 이를 기준으로 하면 약 6%로 매우 낮은 편이다. 미국은 40%를 초과해 비만율이 가장 높은 나라다.

비만의 가장 큰 원인은 열량의 과잉공급이다. 게다가 옛날과 비교해 활동량은 줄어든 데 비해 식단은 훨씬 풍성해졌으니 비만 인구가 많아질 수밖에 없다. 영국과 프랑스, 벨기에, 이탈리아는 전체 국민에게 필요한 열량의 170~190%를 제공하고, 미국은 남녀노소 할 것 없이 국민 한 사람당 배가 부르고도 남을 3,800㎉에 이르는 음식을 제공해 안전하게 소비할 수 있는 열량의 2배 가까이를 과잉공급한다. 그러니 미국인들 중에 과체중이 많은 것도, 생산되는 음식의 절반이 낭비되는 것도 당연하다.

트리스트럼 스튜어트가 《낭비》에서 꼬집었듯 서방 국가에서 식량 공급을 영양상 필요량의 130%로 제한하고 개발도상국이 수확 후 손실을 선진국 수준으로 줄이면 전 세계 식량 공급량의 3분의 1을 절약할 수 있고, 그러면 세계 기아 인구를 23번 더 먹일 수 있다.

새로 등장한 문제는 전 세계 수십억 명이 너무 많이 먹는 동시에 영양이 부족하다는 것, 즉 칼로리는 많이 섭취하지만 영양소는 적게 섭취한다는 것이다. 새로운 세계적 식단은 설탕과 정제 탄수화물로 가득 차 있으나 철분이나 비타민 같은 미량영양소는 부족하다. 영양부족은 더 이상 굶주림이나 발육 부진만 의미하지 않는다. 비만이어도 영양이 부족할 수 있다. 과식과 영양부족이 동시에 나타나고 있으며, 많은 사람들이 칼로리를 과도하게 섭취하면서도 건강한 신체에 반드시 필요한 미량영양소와 단백질 부족에 시달리고 있다. 그 결과 서구 사회뿐만 아니라 전 세계에서 고혈압, 뇌졸중, 제2형 당뇨병 같은 질병을 앓거나 예방 가능한 암에 걸리는 사람이 점점 늘어나고 있다.

오늘날 우리가 먹는 음식은 담배나 술보다 질병과 죽음을 더 많이 유발한다. 최근 세계보건기구의 발표에 따르면 흡연으로 인한 사망자는 약 800만 명, 알코올 관련 사망자는 약 300만 명이다. 반면에 채소와 견과류, 해산물이 적은 식단과 가공육, 가당 음료가 과다한 식단처럼 '식이 요인'으로 사망한 사람은 1,200만 명에 달했다. 전염병이나 결핵을 두려워한 조상들과 달리 이제 전 세계인의 사망 원인 1위는 식습관이라는 지적이다.

초가공식품과
식생활의 스낵화

슈퍼마켓에 들어서면 신선한 식재료만 우리를 반기는 것이 아니다. 통로마다 짭짤하고 기름진 스낵, 설탕을 입힌 시리얼, 다양한 빛깔의 가당 음료, 붉은빛의 햄과 같은 가공육, 인스턴트라면 등 간편 조리식품이 가득하다. 현대인의 식탁에 가장 많이 오르는 초가공식품들이 그것이다. 초가공식품이란 본래 상태에서 아주 많은 변화를 거치고 첨가제가 많이 들어간 식품이다.

 식품은 자연식품과 가공식품, 초가공식품으로 나뉘는데, 이 중에서 초가공식품은 흔히 사용하지 않는 재료와 방법을 사용해 원래 모습을 알아보기 힘들 정도로 변형한 식품이다. 예를 들어 밀가루, 소금, 물, 이스트로 만든 빵은 가공식품이지만, 여기에 유화제나 착색제를 첨가해 수제가 아닌 기계식으로 생산한 빵은 초가공식품이다. 일반적으로 초가공식품에는 착색제, 방향제, 유화제, 증점제 등 제품을 더 돋보이게 하기 위한 식품첨가물이 들어있다. 많은 초가공식품은 에너지밀도가 높고, 다량의 설탕과 지방을 함유하고 있어 체중 증가에 직접 기여한다. 이런 초가공식품이 대표적인 고열량-저영양 식품이다.

미국 국립의료원 산하 당뇨병 · 소화기병 · 신장병 연구소의 케빈 홀을 비롯한 연구진은 초가공식품이 위장과 뇌 사이의 신호를 왜곡시켜 과식을 유발한다고 주장했다. 연구진은 무작위로 모집한 20명의 건강한 성인 자원자를 대상으로 한 그룹에는 초가공식품을, 다른 그룹에는 비가공식품으로 구성된 식단을 하루 세끼 마음대로 먹게 했다. 영양사들에 의해 초가공식품이나 비가공식품 모두 칼로리, 에너지밀도, 탄수화물, 단백질, 설탕, 나트륨 등을 철저히 일치시킨 식단이었다. 2주간 실험이 이어진 후에는 서로 메뉴를 맞바꿔 다시 2주간의 실험을 더 진행했다.

케빈 홀 연구진의 연구 결과는 놀라웠다. 초가공식품을 먹은 사람들은 비가공식품을 먹을 때보다 하루에 508kcal를 추가로 섭취하는 것으로 나타났다. 왜 이런 결과가 발생했을까? 장내 신경세포는 미주신경을 통해 뇌에 신호를 보낸다. 그 신호에는 위장으로 들어오는 음식의 열량에 대한 정보가 포함된다. 하지만 초가공식품처럼 음식에 대한 정보가 뒤섞이면 신호가 왜곡되어 뇌가 적절한 정보를 얻지 못하고 과식에 이른다는 설명이다. 예를 들면 꿀이나 메이플 시럽 같은 천연감미료는 그에 해당하는 칼로리를 예상해 뇌에 신호를 보낸다. 그러나 아스파탐과 사카린 같은 인공감미료는 칼로리 증가 없이 단맛에 대한 기대와 경험만 제공하므로 뇌는 그런 정보를 받지 못한 채 계속 먹고 만다. 즉 초가공식품은 포만감을 유발하는 대신 더 많은 양을 갈망하게끔 하는 셈이다.

초가공식품이 건강에 그다지 좋지 않다는 사실쯤은 누구나 알고 있을 것이다. 그럼에도 초가공식품들의 유혹을 뿌리치기가 어렵다. 초가공식품은 간편하게 즉시 섭취하거나 요리 시간이 짧다는 점에서 바쁜 현대인들에게는 가장 큰 매력이다. 비가공식품보다 조미료와 설탕, 소금, 지방이 더 많아 강력한 자극을 원하는 요즘 세대의 입맛에도 맞는다. 게다가 초가공식품은 신선한 자연식품보다 가격마저 저렴한 경우가 많다. 때문에 미국이나 영국 같은 선진국의 경우 섭취하는 전체 칼로리 중 56~58%를, 섭취하는 설탕의 약 90%는 초가공식품으로부터 얻는 것으로 알려졌다.

우리나라 사람들은 섭취하는 칼로리의 4분의 1을 초가공식품에서 얻는다. 특히 인스턴트라면의 경우 초가공식품 중에서도 극도로 가공된 음식으로, 과량의 나트륨뿐만 아니라 여러 식품첨가물을 함유해 건강에 좋지 않은 대표적인 식품으로 꼽힌다. 세계인스턴트라면협회에 의하면 1인당 라면 소비량 세계 1위는 연간 73.5개를 먹는 한국인이다.

아침 식사는 거르거나 출근해 일을 시작하기 전에 간단한 주전부리로 때우기 십상이다. 점심 식사는 수많은 미팅과 업무를 처리하느라 챙기지 못할 때가 많다. 그렇다 보니 시간에 구애받지 않고 일하면서도 배를 채울 수 있는 스낵을 자주 찾는다. 무심코 스낵을 집어 들다가도 설탕과 액상과당이 들어 있지 않고 영양성분을 강화하고 건강한 재료로 만든 스낵에 눈길이 간다. 우리 몸에 이런저런 문제가 생길 때 스낵을 먹지 않는 것이 아니라 더 나은 스낵을 먹는 것이 낫다고 생각한다. 건강 스낵은 간식 먹는 습관을 강화할 뿐이다. 건강 스낵은 우리의 불편한 마음을 없애버리기 때문이다.

미국 식생활문화 연구단체 하트만그룹의 보고서에서 언급

하듯 비교적 칼로리가 높은 스낵이 많아지면서 식사는 다른 활동을 멈추는 일시정지 버튼이 되었으며, 이제 스낵은 더 이상 즉흥적이거나 이례적인 일회성 사건이 아니다. 스낵은 우리 식생활의 핵심이다. 생활 자체가 '스낵화' 되고 있다고 해도 지나치지 않다. 우리는 바쁘지 않을 때도 무슨 바쁜 일이 있는 것처럼 먹고 마신다.

비 윌슨이 《식사에 대한 생각》에서 지적했듯이 우리는 중간에 일을 멈추고 여유롭게 사람들과 함께 푸짐한 식사로 배를 채운 기존 식생활에서 점점 더 멀어지고 있다.

"스낵은 오래된 삶의 리듬을 파괴할 뿐만 아니라 온종일 거의 무한정으로 무언가를 먹게 했다. 원래 아침, 점심, 저녁 식사는 일상생활의 매듭 역할을 했으며 하루의 시작과 끝을 정해주었다."

식사는 사람들이 함께 모이는 자리이자 때로는 기쁜 일을 함께 축하하는 자리다. 식사는 어떤 음식을 어떻게 먹어야 하는지 규칙을 부여해주었다. 하지만 스낵에는 어떤 구조나 규칙도 없다. 스낵은 언제 어디서나 먹을 수 있으며, 지금 내가 잘 먹고 있는지 아닌지를 누군가에게 평가받을 일도 없다.

전 세계 사람들 중 상당수의 삶은 점점 더 나아지고 있는

데 반해 식단은 점점 더 나빠지고 있다. 조부모와 부모가 살던 시대보다 더 풍족하고 굶주림에서 벗어난 편안한 삶을 누리고 있다. 음식은 부족해서가 아니라 흘러넘쳐 우리를 괴롭힌다. 그야말로 '속이 텅 빈 풍요' 다.

버려지는 먹거리,
음식물쓰레기

누가 먹을 수 있는 음식을 함부로 버릴 수 있을까? 그런데 유엔 식량농업기구의 보고에 따르면 매년 모든 종류의 식량 가운데 무려 3분의 1이 버려진다. 전 세계적으로 약 14억 톤의 식량이 낭비되고 있는데, 이는 지구상에서 굶주리는 8억여 명에게 4년치 식량을 제공할 수 있는 양이다. 게다가 이 엄청난 양의 폐기된 음식물은 매립하거나 다른 방식의 처리 과정에서 연간 30억 톤 이상의 온실가스를 배출하는데, 이는 전 세계 온실가스 배출량의 8%를 차지할 정도로 지구 기후변화에 엄청난 영향을 미치고 있다.

음식물 폐기는 식량만 낭비하는 것이 아니다. 예를 들어 사과가 식탁에 올라오기까지 과정을 살펴본다면, 사과를 버릴 때 낭비되는 것은 사과를 재배하는 데 필요했던 물, 토지, 연료도 포함한다. 사과 하나를 생산하는 데 평균 125리터의 물이 필요하며, 1kg의 소고기를 생산하는 데는 무려 1만5천 리터가 필요하다.

손실되거나 낭비되는 식량을 생산하기 위해 전 세계에 농업용 토지의 28%가 불필요하게 사용된다. 더 많은 농지를 확보하기 위해 토지를 개간하면서 야생동물 서식지를 파괴하고, 온실가스를 흡수하고, 산소를 공급하는 나무들도 베어버린다. 식량을 생산하고 운송하는 데 화석연료가 쓰일 뿐만 아니라 식품 가공 과정에서도 막대한 에너지를 사용하는데, 음식물쓰레기는 화석연료를 사용하면서, 그리고 그 자체에서도 온실가스를 배출하고 있다.

게다가 코로나19 대유행은 음식물쓰레기에 관련해 또 다른 문제를 발생시키고 있다. 코로나19로 인해 격리되거나 이동과 모임이 제한되고 식당의 이용이 어려워지면서 음식 배달이 많이 증가했고, 엄청난 양의 식품 포장 쓰레기가 쏟아져 나오고 있다.

음식물쓰레기는 어떻게 발생할까? 음식물쓰레기는 크게 두 단계에서 발생한다. 첫 번째는 생산 단계의 손실, 즉 식량의 생산과 저장, 운송 과정에서 발생하는 손실이다. 두 번째로 소비 단계의 폐기로, 구체적으로 소비자에게 판매를 위한 식품 가공 과정, 유통 및 판매 과정, 가정과 음식점에서 식사 과정에 발생한다.

식량의 생산에서 운송에 이르는 과정에 손실되는 양은 전 세계 음식물쓰레기의 절반 이상을 차지한다. 특히 개발도상 국에서는 전체 음식물쓰레기의 80~90%가 생산, 저장, 운송 과정에 발생한다. 사하라 이남의 아프리카 국가나 동남아시아, 남아시아 국가에서는 곡물 수확량의 상당 부분이 손실되는데, 전체 수확량의 최대 25%에 이른다.

습기가 많고 기온이 높은 지역에서는 상당량의 곡물이 저장 기간 동안 발생한 곰팡이로 인해 아플라톡신 같은 독소에 오염되어 먹을 수 없다. 오랜 기간 저장이 어렵고 쉽게 상하는 채소의 경우에는 손실률이 절반을 넘는다. 더구나 저장과 가공 시설의 부족은 유제품의 이용에 치명적인 손실을 입힌다. 이처럼 개발도상국의 식량 손실은 수확 후 관리 기술과 설비 부족에 기인하는 경우가 많다.

오늘날 식량 공급망은 한 국가에 국한되지 않고 여러 나라에 걸쳐 있다. 우리 식탁에는 캐나다에서 재배된 밀, 필리핀에서 생산한 바나나, 호주산 소고기, 노르웨이에서 온 연어 등으로 만든 음식이 언제든지 올라오고 있다. 이런 식품이 수입국에 이르기까지 기나긴 여정과 수송 단계가 복잡해지면서 손실되는 경우가 많아졌다. 운반되는 식품의 40%가 냉장 보관이 필요하고, 수송 과정에서 설비 고장 등의 이유로 20%가 손실된다. 게다가 코로나19의 대규모 유행과 러시아─우크라이나 전쟁은 자신이 소비하는 음식의 일부 또는 상당 부분이 다른 나라에 의존하고 있다는 점을 확연하게 드러냈다.

이런 식량 무역과 세계 식품 생산과 소비의 연결고리가 대규모로 와해되면서 전 세계적으로 식량 폐기와 손실이 크게 늘었다. 2022년 밀 생산량의 대부분을 수출하는 우크라이나는 전쟁으로 인해 밀을 수확하지도 못할 뿐만 아니라 수확한 밀을 수출하기도 어려워져 상당량의 밀이 폐기될 수밖에 없었다.

식량이 생산되어 소비자에게 이르는 유통 단계에서도 음식물쓰레기가 발생한다. 슈퍼마켓의 채소나 과일 판매 코너에 가면 대부분이 일정한 크기에 보기에도 '깔끔'해 보인다. 슈퍼마켓에서는 생김새가 '완벽'하지 않는 농산물의 입고를 거부하는 경우가 일반적이다. 고객의 구매를 촉발하기 위해 당연해 보이지만, 상당수의 농산물은 폐기된다. 그리고 농산물 등급제는 농산물의 부가가치를 높이는 데 이바지했지만 '등급 외' 농산물은 판로를 잃어버리게 한다.

채소의 경우 폐기 비율은 엄청나다. 여름철에 많이 생산되는 가지를 예로 들어보자. 가지는 일정한 크기를 갖춰야 하고 사람의 마음을 끌 정도로 빛깔도 좋아야 한다. '약간 못난' 가지들은 판매대에 오르지도 못하고 생산 현지에서 폐기될 운명에 처한다. 쉽게 상하는 채소들은 아주 소량만이 가공 과정을 거칠 뿐 대부분 수확도 하지 않은 채 폐기처분할 수밖에 없다.

판매 과정에서 생기는 음식물쓰레기는 어떤가? 일반적으로 소비자는 상품이 다양하고 풍성하게 진열되어 있지 않으면 구매를 꺼린다. 그래서 판매자는 실제로 판매되는 양보다 더 많은 상품을 갖춰 놓는다. 식료품은 유통기한이 다가오면 처분해야 하기 때문에 많은 양의 농산물과 신선 제품이 진열대에 공간만 채우다가 그대로 버려진다. 특히 채소와 과일 같은 농산물은 소비자의 구매 욕구를 자극하기 위해 신선한 물건들로 판매대를 채워야 하고, 이 때문에 변색되고 물러지고 멍들거나 흠이 난 상품은 쓰레기통에 버려진다.

슈퍼마켓에서 판매하는 즉석조리 식품의 경우 당일에 판매되지 않는 제품들은 폐기될 수밖에 없다. 치킨과 같은 제품은 튀기는 냄새가 고객을 끌어들이기 때문에 계속 튀겨 내놓아야 한다. 폐점 시간이 가까이 다가오면 대폭 할인된 가격으로 판매하지만, 결국에는 팔리지 않은 상당량의 치킨과 생선초밥, 김밥, 샐러드, 샌드위치, 빵을 비롯한 즉석조리 식품은 폐기된다.

식품에 유통기한, 품질유지기한 등을 표기해 위생상의 안전을 법적으로 보장하는 것이 당연하지만, 현실적으로는 식용 가능한 식품을 버리는 경우도 허다하다. 우유, 달걀, 치즈는 유통기한이 어느 정도 지나도 규정대로 보관한다면 안전하게 섭취할 수 있다.

마지막으로, 식품을 소비하는 단계의 음식물쓰레기 배출이 일어난다. 대형마트에 가면 많은 이들이 카트 안이 넘치도록 엄청난 양의 식품을 구매하는 경우를 흔히 본다. 자주 쇼핑할 시간적인 여유가 없거나 식구가 많아서라고 생각할 수 있다. 하지만 대부분은 계획에 따라 필요한 식품을 사기보다는 원하는 것을 원하는 시간에 먹을 수 있는 선택권을 위해 구매하는 경우가 많다. 북미와 유럽의 소비자들은 평균적으로 마트에서 사 오는 식료품의 약 4분의 1 이상을 버린다. 생활양식이 빠르게 돌아가면 외식과 음식 배달이 잦아지고 냉장고나 냉동고, 선반에 있는 식품이 있다는 사실을 잊어버려, 결국 상하고 나서야 더 이상 필요하지 않다는 것을 깨닫는다. 식재료로 요리한 음식들도 먹지 않고 버려지는 경우가 많고, 특히 외식이 늘어나면서 고객이 남긴 음식을 쓰레기로 처리하는 양이 급증하고 있다.

2019년 국내 식품 폐기물은 하루에만 2만1,065톤에 이르는데, 여기에서 식량의 생산과 저장, 운송 과정에서 손실을 제외한 소비 단계의 음식물쓰레기는 1만5,903톤이다. 우리나라의 일일 생활폐기물 발생량 총 5만3,490톤 중 음식물쓰레기가 전체 발생량의 약 30%를 차지한다. 음식물쓰레기의 30%는 먹고 남긴 음식물이고, 발생원별로 살펴보면 가정과 소형음식점에서 배출하는 음식물쓰레기가 전체의 70%를 차지한다.

산업화된 식품 체계의 가장 큰 약점은 그것이 농장 설비와 운송용 트럭, 배에 연료를 공급하고 비료를 만들기 위해, 제조설비를 가동하기 위해 값싼 석유에 의존한다는 점이다. 원유 가격의 급등은 밀, 옥수수, 콩의 가격이 크게 뛰고, 결국에는 곡물 사료를 먹는 소, 돼지, 닭의 가격도 큰 폭으로 상승시킨다.

기후변화로 인한 가뭄과 홍수, 태풍 등 기상이변으로 곡물 수확량이 대거 줄어들면 식량 위기가 발생한다. 이런 상황에서 곡물 수출국은 수출을 중단하거나 수출량을 축소해 자국의 시장을 보호하려 한다. 식품 가격이 전 세계적으로 급등하면 투기꾼까지 시장에 뛰어든다. 식품 가격의 급격한 상승은 불 보듯 당연하다.

'밀레니엄 가뭄'이라고 알려진 오스트레일리아의 2000년대 가뭄은 유럽인들의 정착 이후 최악의 가뭄으로 알려져 있다. 2001년부터 2005년까지 엘니뇨의 영향으로 극심한 가뭄을 겪었는데, 2006년과 2007년 가뭄은 오스트레일리아 남동부, 특히 주요 농업 지역인 머레이-달링 분지에 집중되면서 밀 수확량이 10분의 1로 줄었다. 수확량의 상당 부분을 수출해왔던 우크라이나와 러시아의 곡물 생산도 급감하고, 인도와 베트남도 국내 식량 사정이 좋지 않아 곡물 수출을 중단하거나 축소했다. 이미 가격이 상승한 곡물 시장에 투기세력까지 뛰어들면서 가격을 더욱 끌어올렸다.

이 당시 이라크전쟁의 영향으로 원유 가격도 상승했다. 곡물 생산 국가들의 가뭄과 원유 가격의 상승으로 2005~2007년 사이에 식품 가격이 약 75% 급등했고, 2007년 가을에는 2배로 뛰어올랐다. 세계 밀 가격이 2007년 5월 톤당 200달러에 달했는데, 그해 9월 초에는 400달러 이상으로 올랐다. 이런 복합적인 원인이 작용하는 중에 세계 식량 비축량이 감소하자 식량 가격은 전 세계적인 급등했고, 2007년에 시작된 세계적인 금융위기는 상황을 더욱 어렵게 했다.

2009년 세계 경제 위기로 식량 가격은 상당히 떨어졌지만, 일부 학자들은 이것이 일시적인 현상에 불과하다고 주장했다. 2022년 코로나19 팬데믹과 러시아-우크라이나 전쟁으로 야기된 원유 가격과 곡물 가격의 상승은 전 세계의 식품 가격의 급격한 인상을 촉발했다. 식품 가격의 폭등으로 인해 개발도상국, 특히 아시아와 아프리카, 라틴아메리카 국가에서는 시위와 폭동이 일어났다.

식량 가격의 급등에 따른 위기에 대처하기 위한 여러 논의가 계속되고 있지만 근본적인 대책을 세우기에는 너무나 복잡하다. 게다가 유엔은 2050년 무렵이면 세계 인구가 97억 명으로 증가해도 식량 생산은 지구온난화로 많이 감소할 것으로 예측한다. 그렇다고 경작지를 새로 늘려가면서 식량을 증산한다는 것은 결국 환경 파괴와 기후변화를 더 촉진하는 악순환에 처할 위험이 크다. 그렇다면 음식물쓰레기를 줄이는 것이 유력한 해결책 중 하나가 아닐까.

음식물쓰레기의
재활용

오랫동안 음식물쓰레기는 땅에 매립하는 방식으로 폐기되었다. 쓰다 남으면 버리는 것을 당연하게 여겼다. 1960년대 서구에서는 환경문제에 관심을 갖는 이들이 나타났다. 환경운동가들은 폐기물을 내버리거나 소각하는 대신 재생하고 재사용해 쓰레기를 줄여야 한다고 주장했다. 특히 1980년대 순환경제에 대한 논의가 시작되면서, 순환경제 옹호론자들은 음식물쓰레기를 내다버려야 하는 폐기물이 아니라 사용 가능한 자원으로 보았다.

음식물쓰레기를 재활용하는 전통적인 방법은 퇴비로 만드는 것이었다. 그러나 도시화가 광범위하게 진행되면서 도시에서는 퇴비화 방식을 사용하기 어려워졌고 쓰레기로 버려졌다. 음식물쓰레기가 야기하는 환경문제와 매립지 확보에도 어려움을 겪으면서, 음식물쓰레기를 퇴비화하려는 시도가 여러 나라의 중앙정부 또는 자치단체 차원에서 이루어지고 있다. 또 다른 재활용 방법은 혐기성 발효를 통해 음식쓰레기 또는 음식물쓰레기에서 발생하는 폐수를 메탄가스로 만드는 것이다. 이 메탄가스는 재생에너지원으로 전기로 전환해 공급할 수 있고 지역난방에 이용될 수 있다.

우리나라는 음식물쓰레기에 대한 재활용과 처리는 세계적으로 주목받을 만큼 효율적인 편이다. 2005년부터 음식물쓰레기를 그대로 매립하는 것을 금지했고, 2013년에는 음식물쓰레기에서 짜낸 폐수를 바다에 버리는 것도 금지했다. 같은 해에 시작한 종량제 정책으로 음식물쓰레기를 많이 배출한 사람이 처리 비용을 더 많이 부담하는 '오염자 부담의 원칙'을 따르면서, 이전보다 음식물쓰레기 양이 10%가량 줄었다. 오늘날 음식물쓰레기의 95%가 퇴비, 메탄가스 또는 고체연료로 재활용된다. 이는 1995년의 2% 수준보다 현저히 높은 비율이다.

이런 방식의 음식물쓰레기 재활용은 만만치 않다. 우선 비닐, 나무젓가락, 철, 병 조각 등 이물질을 샅샅이 분리해야 하고, 물기를 뺀 후 톱밥을 섞어 탈수, 건조, 발효 과정을 거쳐야 한다. 과정이 복잡할 뿐만 아니라 시간이 오래 걸린다. 게다가 이렇게 만든 퇴비도 음식물로 만든 퇴비라는 딱지가 붙어 모두 꺼리는 탓에 판매가 아닌 무료 배포로 겨우 쓰이는 상황이다.

음식물쓰레기의 70%를 차지하는 폐수의 경우 바이오가스로 재탄생할 수 있다. 환경부에 따르면 2019년에 음식물로 바이오가스를 만든 비율은 겨우 13%다. 음식물쓰레기의 대부분을 차지하는 폐수 중 극히 일부만 자원으로 재활용되었다고 볼 수 있다. 음식물쓰레기 처리 비용도 연간 8천억 원 이상이다.

유통기한이 많이 남은 식품을 선호하는 시장 특성상 유통기한이 지나지 않아 품질에는 전혀 문제없지만 판매가 어려운 제품은 폐기할 수밖에 없다. 특히 소규모 식료품 가게보다 물건을 대량 구매해 비교적 싸게 판매하는 슈퍼마켓에서는 유통기한이 임박한 식품을 대량으로 폐기해야 하는 실정이다.

실제로 1960년대 슈퍼마켓에서는 천문학적인 양의 식용 가능한 식품을 쓰레기로 폐기처분하고 있었다. 대형 쓰레기

함에 버려진 식품들은 노숙자와 빈민들에게는 좋은 먹거리였다. 1960대 미국 애리조나주 피닉스의 무료급식소에서 자원봉사 활동을 하고 있던 존 밴 헹겔은 유통기한이 남아 먹을 수 있는 식품이 슈퍼마켓에서 대량으로 폐기되고 있다는 사실을 알았다. 그는 슈퍼마켓에 이런 식품을 기부해달라고 요청하고, 지역 교회에서 식품을 비축할 창고를 빌렸다. 이렇게 1967년 창고를 제공한 교회의 이름을 딴 '세인트 메리 푸드뱅크'가 탄생했다. 우리나라 푸드뱅크는 1998년 IMF 경기위기 이후 급격히 증가한 노숙인과 결식아동의 급식 문제를 해결하기 위해 시작했다.

'제2의 수확'이라고도 부르는 푸드뱅크 사업은 기부받은 식품을 저소득 및 소외계층, 복지시설에 나눠 주는 물적 나눔 제도이자 사회복지 지원체계로 자리잡았다. 푸드뱅크는 식품 폐기에 드는 금전적인 비용을 줄일 뿐만 아니라 식품 폐기물의 발생을 억제하고 복지 활동에 공헌하고 있다는 면에서 기업가치 향상에도 이바지하는 셈이다.

유통기한 표시에 대한 문제도 제기하고 있다. 유통기한이란 제품의 제조일로부터 소비자에게 유통 및 판매가 허용되는 기한을 뜻한다. 소비자는 이 기한 내에 적정하게 보관하고 관리된 식품은 안심하고 먹을 수 있으며, 제조업체는 제품의 품질이나 안전성을 책임지고 보장한다는 의미를 담고 있다. 우리나라 식품위생법에 따르면 제품을 시판하기 전에 반드시 식품의 제조 및 가공업자가 제품의 특성과 유통 과정을 고려해 관능검사, 미생물·이화학·물리적 지표 측정 등 과학적인 설정 실험을 거쳐 제품의 품질을 유지할 수 있는 기간을 정하고, 이를 식품의약품안전처장에게 보고해야 한다.

유통기한은 이 실험을 통해 얻은 데이터상의 기간을 기준으로 60~70% 앞선 기간으로 설정되어, 유통기한은 실제 품질이 유지되는 기간보다 더 짧다고 할 수 있다. 따라서 적절하게 유통되고 보관된 식품은 유통기한이 지나도 섭취할 수 있다. 결국 유통기한은 생산자나 유통업자가 제품을 '판매'할 수 있는 마지막 시점이기 때문에 사실상 소비자가 이를 언제까지 섭취할 수 있는지 판단하는 데는 도움을 주지 못한다. 유통기한 표시는 음식물쓰레기를 양산하고 막대한 경제적 손실을 야기한다.

이에 식품 섭취가 가능 기간을 늘리고 소비자의 인식을 전환하기 위해 2023년부터 점진적으로 '소비기한' 표시로 바뀐다. 소비기한은 품질 유지 기간을 기준으로 80~90% 앞선 수준에서 설정하므로 유통기한보다 소비기한의 기간이 길다. 소비기한 표시는 이미 영국, 일본, 호주 등에서 널리 시행하고 있는 제도다.

최근 예능프로그램과 언론 보도를 통해 '못난이 농산물'이 많이 알려지면서 판매 활성화 노력이 진행되고 있다. 우리나라에서 소비자가 못난이 농산물을 인식하기 시작한 것은 2019년 말 TV 예능프로그램을 통해서였다. 모양이 일정하지 않고 크기도 다양한 감자들이 수확된 밭에서 전부 그대로 폐기될 위기에 처했다는 소식이 방송을 탔고, 한 대형마트에서 이를 판매해 '완판 신화'를 썼다. 프랑스, 영국 등 유럽과 미국에서는 2010년대 중반부터 못난이 농산물을 의식적으로 소비하는 움직임이 그 규모를 키워나가고 있다. 탄소 배출 저감을 위해 대형 유통업체와 마트 체인 등에서 저렴한 가격에 못난이 농산물을 팔기 시작했고, 소비자 호응도 뜨겁게 뒤따르는 추세다.

이는 일시적이고 단편적인 방안에 불과했다. 지금도 여전히 수많은 농가가 못난이 농산물 처리에 골머리를 앓고 있으며, 비료와 농약을 충분히 사용하지 못해 못난이 발생률이 더 높은 편인 친환경 농가의 고충은 더욱 크다. 식탁에 올라야

마땅할 농산물은 계속해서 갈아엎어지거나 땅속에 묻히는 실정이다.

——————— 무엇을 어떻게 먹어야 할까

우리는 모두 먹어야 존재한다. 자신을 유지하고 삶을 꾸려가려면 먹는다는 것만큼이나 중요하고 근본적인 일은 없다. 무엇을 어떻게 먹느냐에 따라 우리 현재와 미래가 결정된다.

현대 먹거리 체계는 고도로 전문화되어 있고 산업화되어 있다. 그리고 오늘날 복잡한 시장경제에서 먹거리는 상품일 뿐으로, 먹거리가 자연의 산물이라는 사실을 종종 잊어버린다. 밥상 위에 올린 밥, 김치, 삼겹살 모두 자연의 일부이고 생명체에서 왔다. 인간도 자연의 일부다. 인간은 생명체인 먹거리 덕분에 생명을 유지한다. 생명체로서 먹거리가 건강해야 사람도 건강하다. 먹거리가 안전해야 사람도 안전하다. 자연에서 모든 것은 서로 연결되어 있어 서로 간에 그리고 전체적으로 상호작용할 때 가장 잘 작동한다.

오늘날의 식품 체계는 과학기술의 발전에 힘입어 풍족한 먹거리를 제공하기 위해 노력해온 역사적 결과물이다. 과거와 달리 먹거리가 풍족한 시대에 살고 있다. 그러나 효율적으로 보이는 식품 체계가 먹거리와 인간 간의 유기적 공생관계를 위협하고 있는 모순적인 상황도 사실이다.

우리는 맛있게 먹을 때 즐겁다. 이 즐거움을 포기할 수 없다. 건강하고 안전한 먹거리를 맛있게 먹는다면 즐거움은 더 커질 것이다. 그러면 우리는 무엇을 어떻게 먹어야 할까?

한때 우리나라에서 "잘 먹고 잘살자"라는 웰빙이 유행했다. 경제적으로 여유가 생기고 먹거리가 풍족해지자 건강하고 맛있는 음식을 챙겨 먹고 건강하고 행복하게 살자는 평범하다면 평범한 바람이었다. 어떤 먹거리가 건강에 좋은지에 대한 관심이 많아, TV에서 무엇을 먹은 것인가라는 주제를 자주 다루었다. 최근에도 크게 변하지는 않았지만, 먹거리 자체에 관심이 집중할 뿐 먹거리를 생산하고 유통하고 소비하는 사회 · 경제적 및 문화적 맥락은 관심이 적었다.

이제는 건강하고 맛있는 음식을 '어떻게' 확보하고 먹을지에 대한 관심이 필요하다. '무엇을'도 중요하지만, '어떻게'

에 관심을 더 가져야겠다. 물론 건강한 먹거리 체계를 확립하는 것은 사회적이고, 경제적이고, 정치적인 문제다. 그럼에도 우리의 먹거리 환경을 바꾸기 위한 작은 행동들을 실천해야 한다.

우리가 일상에서 할 수 있는 실천들 하나가 자연과 더불어 살 수 있는 친환경 먹거리를 가급적 소비하는 것이다. 생산성을 높이고 더 많은 먹거리를 값싸게 공급해 먹고 사는 데 어려움이 없게 하려면 과학기술이 제공하는 화학농법을 적극 활용해야 한다는 사고는 다시 생각해봐야 한다.

농약과 비료 등 각종 화학물질에 의존하는 먹거리 생산은 토양에 미생물을 포함하는 수많은 생물개체군을 손상하거나 파괴하고 생태계를 위협한다. 토양의 재생력이 저하되면 화학비료에 의존하게 한다. 농약은 유익한 곤충을 해칠 뿐만 아니라 내성이 생긴 해충에 무력해진다. 결국에는 더 많은 농약과 화학비료를 사용할 수밖에 없다.

미국이나 유럽에서 화학농법에 의존하는 대규모 단일경작은 토양과 환경을 오염시키고 생물다양성을 파괴하고 있다. 농업보조금으로 저렴하게 수출하는 농산물은 수입국의 농업 생산 체계를 교란해 더 많은 사회·경제적 비용을 들게 한다. 토양의 재생능력 저하와 생태계 파괴, 식량 위기에 따른 사회적 비용 등을 고려한다면 이렇게 생산된 농산물은 절대 값싸지 않다. 집중식 사육 축산물도 마찬가지다.

더 나은 미래와 자연환경을 생각한다면 적정 가격의 친환경 먹거리를 소비하는 것이 바람직하다. 현실적으로 가격 때문에 친환경 농산물에 접근하기가 쉽지 않지만, 농산물의 생산과 소비 규모가 확대되면 더 많은 소비자들이 접근 가능한 친환경 먹거리 체계가 구축될 수 있다.

무엇을 어떻게
먹어야 할까

친환경 먹거리를 소비하는 것과 함께 가까운 곳에서 복잡한 유통 과정을 거치지 않은 먹거리를 소비하는 것도 절실하다. 지역농산물을 이용하면 먹거리의 이동 경로가 길수록 늘어나는 화석연료 사용과 탄소 배출량을 줄일 수 있다. 생산자와 소비자가 가까울수록 신뢰가 쌓이고 먹거리에 대한 신뢰도 커진다. 복잡한 유통 과정을 거치지 않는다면 생산자는 더 높은 이익을 기대할 수 있고 소비자는 신선하고 안전한 먹거리를 소비할 수 있다.

우리나라의 곡물 자급률은 20% 내외에 불과하며, 이 중에서 밀의 자급률 0.5%, 옥수수는 0.7%, 두류는 7.5에 불과하다. 1인당 밀 소비량은 가파르게 상승해 최근 36㎏에 이르는데, 밀은 대부분 미국과 호주, 캐나다에서 수입하고 있다. 미국산 수입 밀은 장거리 이동할 수밖에 없어 밀 1kg에 982 kg의 이산화탄소를 배출한다. 이에 비해 우리 밀을 구입할 때 배출되는 이산화탄소의 양은 20분의 1에 불과하다.

지역농산물을 이용해 탄소 배출을 줄일 수 있고, 국내산 밀 생산력과 경쟁력을 올려 곡물 자급률을 높일 수 있다. 특히 코로나19 팬데믹과 같은 상황에서 식량자급률이 낮은 저개발 국가에서 심각한 위기를 겪고 있는데, 이와 같은 식량 위기는 우리와 먼 이야기가 아니다.

육식을 줄이고, 채소와 과일, 통곡물과 같은 음식을 골고루 먹는 것도 우리의 몫이다. 육류는 중요한 영양 공급원이다. 적색육의 경우 단백질이 풍부할 뿐만 아니라 철, 아연, 비타민B군 등 필수영양소가 많다. 육류 권장 소비량은 연령대마다 달라도 100g에서 200g이며, 이 중에서 적색육은 3분의 1 정도의 양이면 충분하다. 3대 육류 소비량이 연간 58kg이니 하루 약 160g을 소비하고 있으며, 다른 육류까지 포함하면 약 190g을 소비하고 있다. 권장량에 비해 육류 소비량이 많은 것은 아니다.

단백질 섭취는 어류나 식물성단백질로 가능하고, 육류에

있는 필수 영양성분은 다른 식품에서 공급받을 수 있다. 육식을 줄이고 채소 등 다양한 음식을 먹으면 자기 자신뿐만 아니라 장내 미생물에게 건강한 밥을 먹이는 셈이다. 이울러 공장식 축산으로 발생하는 환경오염과 기후 위기의 심화, 식량 이용의 비효율성, 그리고 동물 복지 문제를 해결하려는 작지만 의미 있는 실천이다. 무엇보다 균형 잡힌 밥상이 최고의 건강 식단이다.

자신의 미각을 다채롭게 살리는 것도 잊지 말자. 우리는 이미 많은 가공식품에 익숙해졌다. 예전에는 그 집 음식맛은 장맛이라고 했는데, 장을 직접 담그기보다는 많은 집이 대량생산된 장을 이용하면서 미각이 획일화, 균질화되었다고 해도 지나치지 않다. 아울러 외식이 늘면서 소비자들의 입맛을 자극하는 맛의 음식에 익숙해졌다. 요즘 '단짠' 음식에 대한 선호도 마찬가지다. 때로는 강한 양념 맛에 음식에 들어간 식재료 하나하나가 가지고 있는 맛을 느끼기 쉽지 않다. 스낵, 라면 등 초가공식품의 각종 식품첨가물로 만든 인위적인 맛과 향에도 길들여 있다.

천천히 요리하면서 식재료 하나하나 냄새도 맡고 맛도 보면서 식재료 고유의 다양한 맛과 향을 즐겨보자. 코와 입만

이 아니라 손과 귀로도 즐겨보자. 요리하는 과정 자체만으로
도 충만함을 느낄 것이다. 요리할 시간이 없다고 하지만, 통
계상으로도 노동시간은 줄어들고 있고, 핸드폰을 쥐고 있는
시간은 늘고 있지 않은가. '스낵화'된 생활에서 벗어나 삶의
리듬을 회복하자.

음식물쓰레기를 줄여야 한다. 개인이 실천할 수 있는 것은
당연히 먹는 음식의 양을 잘 조절해 남기지 않는 것이다. 다
음으로 냉장고나 냉동고에 식재료나 식품을 지나치게 많이
저장하지 말고 가능한 한 계획적인 소비로 최대한 활용한다.
배달음식 자체의 음식물쓰레기도 문제이지만, 일회용 포장
용기가 더 문제다. 코로나19 팬데믹 이후 급격하게 늘어난
일회용 플라스틱 포장 용기는 재활용률이 현저하게 낮다. 기
름과 양념이 범벅된 채 버려지는 플라스틱 용기는 단순 소각
하거나 에너지 회수 고형연료 형태로 처리하면서 온실가스와
유해물질을 대기 환경으로 대량 배출하고 있다.

무엇보다 중요한 것은 유엔 국제조약에서 천명했듯이 모
든 사람은 먹거리를 공급받을 기본 권리를 갖고 있다는 점이
다. 먹거리 생산에서 구매까지 모든 과정에 참여하는 사람들
이 공정한 임금을 받고 쾌적한 환경에서 일할 수 있는 권리가

보장되어야 한다. 결국 '좋은 먹거리'는 건강에 좋고, 친환경적으로 지속 가능하게 생산되고, 공정한 노동을 보장하고, 누구나 접근 가능한 적정한 수준의 먹거리다.

많은 이들이 지속 가능한 먹거리 체계를 위해 노력하고 있다. 그중에서 가장 뛰어난 성과는 '친환경 로컬푸드 무상급식'의 확대다. 학교급식은 모든 학생들에게 친환경의 건강한 먹거리를 제공하고 균형 잡힌 식습관을 가질 기회를 제공한다. 이는 학교급식을 넘어 지역사회 먹거리 선순환과 먹을 권리 기본권을 강화하는 지역공동체 먹거리 체계로 나아갈 수 있는 기반을 만들고 있다.

소비자가 조합원으로 참여하는 생활협동조합운동은 정착되어 꾸준히 성장하고 있다. 로컬푸드 직매장, 농민장터, 꾸러미 사업, 온라인 판매, 오일장 등 농산물 직거래가 최근에 늘어나고 있다.

현재의 먹거리 체계를 바꾸는 일은 쉽지 않다. 그럼에도 불구하고 먹거리는 우리의 삶이자 우리 삶의 중심이다. 지금의 삶의 방식을 바꾸지 않고 늘 그랬듯 되는 대로 살아서는 안 된다. 변화가 가능하다는 생각은 헛된 꿈이 아니다. 지속 가능한 먹거리 체계로 전환하기 위해 시스템을 바꿀 공동의 노력이 무엇보다 중요하다. 건강한 식습관이 개인만의 몫은 아니지만, 먹는 일은 날마다 이루어지는 생활이므로 개인적인 차원의 변화도 매우 중요하다.

김철규, 《음식과 사회》, 세창출판사, 2020.

더글러스 그라함, 김진영 · 강신원 역, 《산 음식 죽은 음식》, 사이몬 북스, 2020.

데버러 럽턴, 박형신 역, 《음식과 먹기의 사회학》, 한울, 2015.

레이첼 로던, 조윤정 역, 《탐식의 시대》, 다른세상, 2015.

로버트 앨브리턴, 김원옥 역, 《푸드쇼크》, 시드페이퍼, 2012.

리보바 바인게르트너 · 클라우디아 트렌트마, 유영미 역, 《우리의 비만 그들의 기아》, 문학동네, 2012.

마귈론 투생-사마, 이덕환 역, 《먹거리의 역사》, 까치, 2002.

마이클 캐롤런, 배현 역, 《값싼 음식의 실제 가격》, 열린책, 2016.

마이클 폴란, 김현정 역, 《요리를 욕망하다》, 에코리브르, 2014.

마이클 폴란, 조윤정 역, 《잡식동물의 딜레마》, 다른세상, 2008.

마크 비트먼, 김재용 역, 《동물, 채소 정크푸드》, 그러나, 2022.

마크 윈, 배홍준 역, 《협동으로 만드는 먹거리 혁명》, 따비, 2013.

매리언 네슬 · 케리 트루먼, 솝희 역, 《우리가 음식을 먹을 때 말하지 않는 것들》, 현암사, 2022.

멜라니 뮐 · 디아나 폰 코프, 송소민 역, 《음식의 심리학》, 반니, 2017.

박재환 · 일상성/일상생활연구회, 《일상과 음식》, 한울, 2009.

발렌틴 투른 · 슈테판 크로이츠 베르거, 이미옥 역, 《무엇을 먹고 어떻게 분배할 것인가》, 에코리브르, 2017.

브라이언 핼웨일, 허남혁 외 역, 《로컬푸드》, 시울, 2006.

비 윌슨, 김하현 역, 《식사에 대한 생각》, 어크로스, 2020.

비 윌슨, 이충호 역, 《식습관의 인문학》, 문학동네, 2017.

스티븐 풀, 정서진 역, 《미식 쇼쇼쇼》, 따비, 2015.

심호윤, 《냉장고 인류》, 글항아리, 2021.

앤드루 스미스, 이혜경 역, 《음식물쓰레기 전쟁》, 와이즈 맵, 2021.

앨런 비어즈워스 · 테레사 케일, 박형신 · 정헌주 역, 《메뉴의 사회학》, 한울아카데미, 2010.

에릭 슐로서, 김은령 역, 《패스트푸드의 제국》, 에코리브르, 2001.

에번 D. G. 프레이저 · 앤드루 리마스, 유영훈 역, 《음식의 제국》, 알에이치코리아, 2012.

유중하, 《짜장면》, 섬앤섬, 2018.

이시게 나오미치, 한복진 역, 《음식의 문화를 말하다》, 컬처그라퍼, 2017.

장 앙텔므 브리야–사바랭, 홍서연 역, 《미식예찬》, 르네상스, 2004.

장 지글러, 유영미 역, 《왜 세계의 절반은 굶주리는가?》, 갈라파고스, 2016.

정한진, 《세상을 바꾼 맛》, 다른, 2013.

제니퍼 코크럴킹, 이창우 역, 《푸드 앤 더 시티》, 삼천리, 2014.

존 매쿼이, 이충호 역, 《미각의 비밀》, 문학동네, 2017.

존 앨런, 윤태경 역, 《미각의 지배》, 미디어윌, 2012.

존 험프리스, 홍한별 역, 《위험한 식탁》, 르네상스, 2004.

주영하, 《차폰 잔폰 짬뽕》, 사계절, 2009.

최낙언, 《맛의 원리》, 예문당, 2020.

최성, 《푸드 팬데믹》, 지식과감성#, 2022.

칼르로 페트리니, 김종덕 · 황성원 역, 《슬로푸드, 맛있는 혁명》, 이후, 2008.

캐롤 코니한, 김정희 역, 《음식과 몸의 인류학》, 갈무리, 2005.

캐롤린 스틸, 이애리 역, 《음식, 도시의 운명을 가르다》, 예지, 2010.

캐롤린 스틸, 홍선영 역, 《어떻게 먹을 것인가》, 메디치미디어, 2022.

토머스 바세트 · 알레스 윈터−넬슨, 장상미 역, 《세계 굶주림 지도》, 동녘, 2013.

폴 로버츠, 김선영 역, 《식량의 종말》, 민음사, 2010.

피에르 베일, 양영란 역, 《빈곤한 만찬》, 궁리, 2009.

피에르 부르디외, 최종철 역, 《구별짓기》, 새물결, 2005..

인격적으로 점잖은 무게 '드레'

드레북스는 가치를 존중하고 책의 품격을 생각합니다